Преодоление экономических бурь в странах Центральной Азии: первые последствия войны в Украине

ОЭСР
ЛУЧШАЯ ПОЛИТИКА ДЛЯ ЛУЧШЕЙ ЖИЗНИ

При цитировании просьба ссылаться на настоящую публикацию:
OECD (2023), *Преодоление экономических бурь в странах Центральной Азии: первые последствия войны в Украине*, OECD Publishing, Paris, https://doi.org/10.1787/1f532c6e-ru.

ISBN 978-92-64-63478-7 (печатное издание)
ISBN 978-92-64-51568-0 (pdf)
ISBN 978-92-64-36759-3 (HTML)
ISBN 978-92-64-58665-9 (epub)

Первоначально опубликовано ОЭСР на английском языке под заголовком: OECD (2022), *Weathering Economic Storms in Central Asia: Initial Impacts of the War in Ukraine,* OECD Publishing, Paris, https://doi.org/10.1787/83348924-en.

Данный перевод был выполнен по заказу [название отдела/дирекции], и его точность не может быть гарантирована ОЭСР. Единственными официальными версиями являются тексты на английском и/или французском языках.

Сведения об авторах фото: обложку © Milosz Maslanka/Shutterstock.com.

Опечатки, которые имеются в опубликованных материалах, можно найти, пройдя по ссылке www.oecd.org/about/publishing/corrigenda.htm.

Предисловие

Полномасштабное вторжение России в Украину, начавшееся 24 февраля, разорило страну и вызвало глобальные экономические потрясения, которые не обошли стороной и Центральную Азию. Ранние прогнозы говорили о существенных сбоях в восстановлении экономики региона после пандемии, обусловленных его тесными политическими и экономическими связями с Россией, особенно в таких областях как торговля, транзитные грузоперевозки, инвестиции, финансы и рынок труда. Ожидалось, что сокращение российской экономики, вызванное санкциями международного сообщества, нарушением торговых связей и скачками товарных цен, негативно повлияет на денежные переводы и торговлю, увеличит долговые проблемы и парализует финансовый сектор региона. К тому же такие факторы, как общий экономический спад и рост международной неопределенности, должны были, согласно прогнозам, снизить инвестиционную привлекательность стран Центральной Азии.

Однако страны региона продемонстрировали неожиданную устойчивость к экономическим потрясениям, вызванным войной России с Украиной и снижением экономической активности Китая. Невзирая на высокую инфляцию, в пяти странах Центральной Азии объемы денежных переводов в первом полугодии 2022 года достигли рекордных цифр, курсы национальных валют после первоначального падения быстро вернулись на довоенный уровень, а приток квалифицированной рабочей силы стимулировал рост спроса в сфере услуг и гостиничной индустрии. Тем не менее, по мере проявления среднесрочных эффектов санкций против России, мирового кризиса стоимости жизни и спада в экономике Китая неопределенность ситуации для стран Центральной Азии приобретает затяжной характер.

Вот почему текущее положение дел может стать для стран Центральной Азии удачной возможностью провести диверсификацию торговых партнеров, упрочить восстановление экономики после пандемии и продолжить структурные реформы, направленные на стимулирование инвестиций и развитие частного сектора. Экономический упадок в России может ускорить расширение китайского экономического присутствия в регионе, но это повлечет за собой определенные трудности, связанные, в частности, с долговой ситуацией и территориальной целостностью некоторых стран Центральной Азии. Открытие новых торговых путей сыграет важную роль в диверсификации региональной экономики, если принять во внимание, что влияние международной позиции России и китайской политики нулевой терпимости к COVID серьезно ограничили экспортные возможности Центральной Азии. В последнее время поиск альтернативных торговых путей ведется особенно активно, о чем свидетельствуют ратификация или обсуждение преференциальных торговых соглашений с Пакистаном, равно как и налаживание торговых потоков через Иран, Афганистан или так называемый Транскаспийский транспортный маршрут.

В настоящем документе рассматриваются экономические последствия российского вторжения в Украину и вызванных этим санкций для экономики стран Центральной Азии, в том числе влияние данных событий на инфляцию, миграцию, денежные переводы, инвестиции и торговлю. В нем перечислены первоначальные меры государственной политики, принятые в странах Центральной Азии в связи с происходящим, и предложены возможные меры на будущее для смягчения воздействия потрясений и повышения устойчивости в кратко- и среднесрочной перспективе.

Выражение признательности

Настоящий отчет представляет собой развитие и продолжение работы по оценке воздействия мировых потрясений на экономику стран Центральной Азии, выполненной сотрудниками Программы ОЭСР по повышению конкурентоспособности стран Евразии. Работа осуществлялась в рамках Инициативы ОЭСР по странам Центральной Азии при финансовой поддержке Европейского союза (ЕС).

Подготовка настоящего отчета велась под началом главы Директората ОЭСР по международным отношениям и сотрудничеству Андреаса Шааля и руководителя Подразделения ОЭСР по работе со странами Евразии Уильяма Томпсона. Проект возглавлял руководитель направления по Центральной Азии Грегори Леконт при содействии координатора проекта – экономиста и экономического аналитика Подразделения ОЭСР по работе со странами Евразии Амелии Шурих-Рей.

Авторами настоящего отчета являются экономические аналитики Подразделения ОЭСР по работе со странами Евразии Амелия Шурих-Рей и Селеста Лапорт-Таламон; отчет подготовлен при деятельном участии младшего экономического аналитика подразделения Дилана ван де Вена. Значительную аналитическую поддержку при работе над отчетом обеспечили младшие экономические аналитики Подразделения ОЭСР по работе со странами Евразии Фикрат Валехли, Юго Бризбар и Шамима Ошурбекова. Неизменное содействие в административных и организационных вопросах оказывали программные администраторы Подразделения ОЭСР по работе со странами Евразии Анна Шахтахтински и Элиса Ларракоэчеа.

Осуществление проекта стало возможным лишь благодаря неуклонному содействию и сотрудничеству со стороны представителей различных министерств и государственных организаций, частных структур, бизнес-ассоциаций, международных организаций, негосударственных организаций и других представителей стран, включенных в настоящий отчет.

Обсуждение предварительных результатов по Кыргызстану состоялось в июне 2022, по Монголии – в октябре 2022 года; в вебинарах принимали участие представители государственных и частных структур обеих стран. ОЭСР выражает признательность Министерству экономики и коммерции Кыргызской Республики и Министерству экономического развития Монголии за оказанное содействие, а также благодарит за участие в проведенных мероприятиях Европейский банк реконструкции и развития (ЕБРР), Азиатский банк развития (АБР), Всемирный банк и Международный фонд сельскохозяйственного развития (МФСР) ООН.

Содержание

РИСУНКИ

ТАБЛИЦЫ

БЛОКИ

Краткий обзор

До сих пор страны Центральной Азии успешно противостояли экономическим потрясениям, спровоцированным войной в Украине

Полномасштабное российское вторжение в Украину должно было оказать на Центральную Азию, чья экономика тесно связана с крупным соседним государством, резкое отрицательное воздействие. Однако, вопреки прогнозам, региональный ВВП в первом полугодии 2022 года продолжил расти, поскольку увеличились основные факторы его роста – экспортные цены на сырье и денежные переводы от трудовых мигрантов. Курсы национальных валют после первоначального падения быстро вернулись на довоенный уровень, а приток квалифицированной рабочей силы внес свою лепту в поддержание уровня потребления в регионе. Тем не менее, рост инфляции отрицательно влияет на бизнес и население, усугубляя проблемы, связанные с нарушением цепочек снабжения, растущей стоимостью жизни и угрозами продовольственной безопасности, что в первую очередь касается стран, чей экспорт основан не на сырьевых товарах, то есть Кыргызстана и Таджикистана.

И все же среднесрочные перспективы региона представляются нестабильными

Устойчивость стран Центральной Азии к экономическим потрясениям приятно удивила всех, но нельзя забывать, что все это происходит в условиях нестабильного восстановления экономики после коронавирусной пандемии, которая снизила темпы роста и уменьшила возможности государственных бюджетов, поставив под вопрос будущее благополучие региона. По мере проявления среднесрочных эффектов санкций против России, мирового кризиса стоимости жизни и спада в экономике Китая последствия для стран Центральной Азии могут стать более заметными и, увы, негативными. В частности, даже если до сих пор торговля в регионе не страдала, из-за тесных связей с Россией он подвержен как политическим рискам, так и рискам в сфере снабжения; рост неопределенности может снизить инвестиционную привлекательность, а динамика финансовых рынков способна отрицательно повлиять на устойчивость государственного бюджета.

Даже в смутное время возможна дальнейшая реализация программ по развитию частного сектора в странах Центральной Азии

Пускай перспективы роста хрупки как никогда, в текущей ситуации все же есть свои плюсы: страны Центральной Азии могут решить давно назревшие структурные проблемы и пересмотреть экономические связи с двумя крупными соседними государствами. Для этого им потребуются дальнейшие преобразования делового климата и привлечение инвестиций в переход к экологически сбалансированной экономике. Наконец, диверсификация торговли с сокращением роли России и Китая потребует не только открытия новых торговых путей, но и, в первую очередь, ускорения региональной интеграции, которая должна затронуть как инфраструктуру, так и гармонизацию нормативно-правовых стандартов.

Введение

Сопутствующие эффекты войны и санкций ощущаются по всему миру: растут цены на сырье, страдает торговля, рвутся финансовые связи, наблюдаются миграционные и гуманитарные последствия. И, поскольку между Центральной Азией и Россией существуют особенно тесные торговые и миграционные взаимосвязи, это сделало регион одним из потенциально наиболее уязвимых в сложившейся ситуации.

Экономика стран Центральной Азии прочно взаимосвязана с российской

Торговые связи

Для большинства стран Центральной Азии характерен узкий круг торговых партнеров и видов продукции, идущих как на импорт, так и на экспорт. Так, российский импорт значительно превышает объемы экспорта во всех странах Центральной Азии; Россия – крупнейший источник импорта для региона, за исключением Кыргызстана и Монголии, где она уступает первое место Китаю (см. Рисунок 1).

Рисунок 1. Доля товарооборота с Россией, Беларусью и Украиной (в среднем за период с 2016 по 2021 годы)

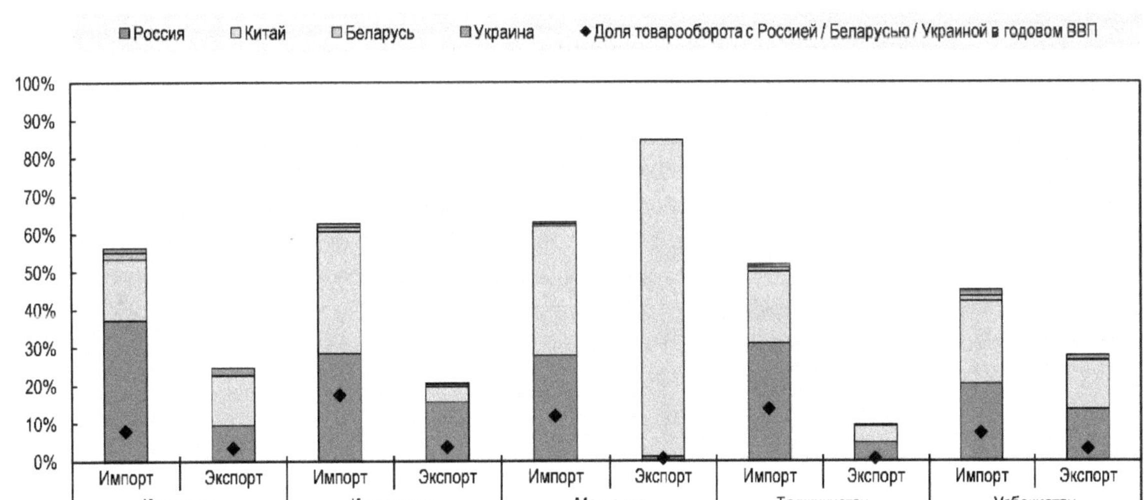

Примечание: экспорт включает в себя как энергетические продукты, так и иную продукцию. На Беларусь приходится от 0% (Монголия) до 0,5% (Казахстан) экспорта из Центральной Азии. Данные по Туркменистану не вошли в отчет вследствие противоречий в источниках.
Источник: (UNCTAD STAT, 2022[1])

Импорт состоит главным образом из минеральной продукции, неблагородных металлов и химической продукции, а также электротехники и продовольствия. При этом Россия является крупнейшим экспортным рынком для Кыргызстана и вторым по величине для Казахстана и Узбекистана, у которых покупает, в основном, минеральную продукцию, текстиль, неблагородные металлы и овощи (см. Рисунок 2).

Рисунок 2. Отраслевой состав российского импорта и экспорта из / в страны Центральной Азии (в среднем за период с 2016 по 2020 годы) и объем товарооборота (в % ВВП, годовой прирост)

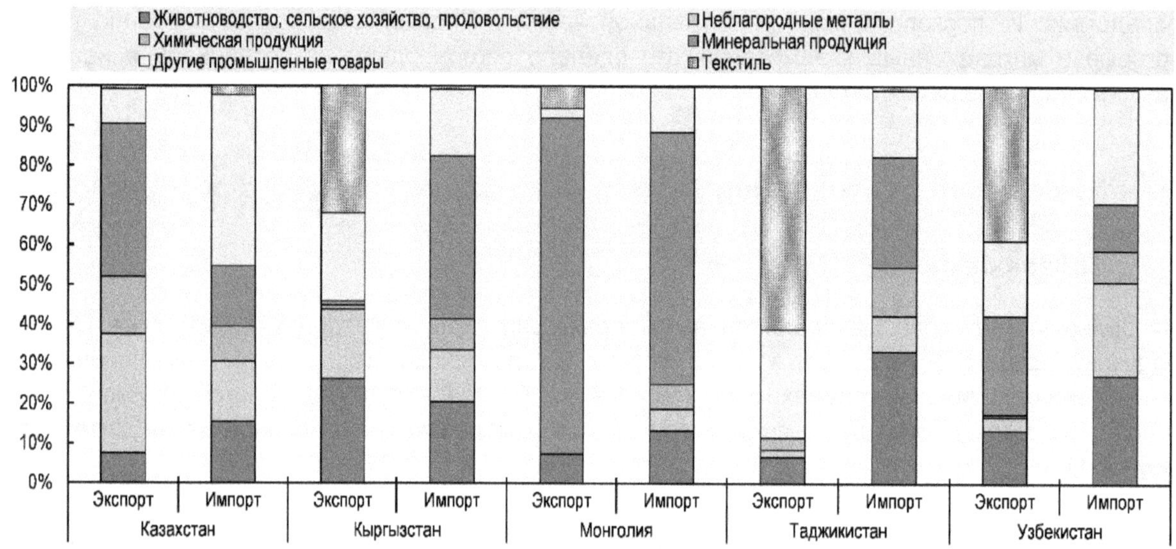

Примечание: данные по Туркменистану отсутствуют. В категорию «другие промышленные товары», согласно определению Европейской комиссии, входят химическая продукция и текстиль. Однако важность двух этих сегментов для региона такова, что их выделили для достижения большей наглядности.
Источник: (UN Comtrade, 2022[2]).

После 2020 года зависимость стран Центральной Азии, кроме Узбекистана, от импорта российской пшеницы усилилась (см. Рисунок 2). Потребности Таджикистана и Монголии в пшенице в 2020 году почти на 100% удовлетворялись за счет импорта из России, а в Кыргызстане данный показатель в 2021 году составил почти 55%. Столь же значительна и энергетическая зависимость трех этих стран: импорт электроэнергии из России обеспечивает 60% внутреннего энергопотребления в Кыргызстане, почти 30% в Таджикистане и 15% в Монголии; Казахстан и Узбекистан в 2022 году не зависят от российских энергопоставок (см. Рисунок 4).

Рисунок 3. Доля пшеничного импорта из России и Казахстана в совокупном внутреннем потреблении (%)

Примечание: данные по Туркменистану отсутствуют.
Источник: расчеты ОЭСР на основе данных (UNCTAD STAT, 2022[1]; FAO, 2022[3]).

Рисунок 4. Доля энергетического импорта из России в общем объеме доступной энергии в странах Центральной Азии

Примечание: данные по Туркменистану отсутствуют. Вследствие недостатка данных валовая доступная энергия рассчитана по формуле «первичное производство + импорт - экспорт» без учета восстановленных и повторно использованных продуктов или изменения объема запасов.
Источник: МЭА (2022 год).

Финансовый сектор

В последние годы финансовые системы стран Центральной Азии сохраняли относительную стабильность, но в прошлом регион пережил немало банковских кризисов, последние из которых пришлись на периоды мировых экономических потрясений 2008-2009 и 2014-2015 годов. Влияние пандемии COVID-19 усугубило существующие проблемы: так, трудности с ликвидностью в 2020 году повлекли за собой смягчение пруденциального регулирования и рост показателей проблемных кредитных задолженностей по всему региону (OECD, 2021[4]; IMF, 2022[5]). В целом, слабость банковских систем в большинстве стран региона тормозила развитие частного сектора в силу ограниченности доступа к финансированию и отсутствия развитых, эффективно работающих рынков капитала.

Тем не менее, с влиянием неустойчивой валюты на банковский сектор Центральной Азии в 2021 году было связано менее 15% претензий и обязательств, из чего с высокой вероятностью следует, что влияние рубля на банки перед войной не превышало этого значения (BIS, 2022[6]). Однако банки Казахстана, Кыргызстана и Таджикистана поддерживали тесные связи с Россией: в четверку ведущих банков-корреспондентов[1] неизменно входили российские банки, в отличие от Монголии и Узбекистана, где лишь 50% банков работали с российскими корреспондентами; при этом таджикские финансово-кредитные организации на момент начала войны имели три четверти корреспондентских счетов в России (EBRD, 2022[7]).

Прямые иностранные инвестиции

Объем российских ПИИ в Таджикистане и Узбекистане в период с 2016 по 2020 годы оставался весьма значительным, составляя в среднем 32 и 14,1 % от общего объема ПИИ соответственно, хотя точные цифры назвать трудно из-за расхождений между данными, полученными от национальных органов статистики в странах Центральной Азии, и данными Центрального банка России (ЦБ РФ)[2]. Тем не менее, оценка российской доли в объеме ПИИ в Узбекистане может быть завышенной, поскольку по ряду стран данные отсутствуют, включая таких важных инвесторов, как Франция и Япония. И напротив, в Кыргызстане, Таджикистане и Казахстане фактические показатели объемов и притоков российских ПИИ могут быть чуть выше официально известных, так как почти 2% приходится на ПИИ с Кипра, который представляет собой известную офшорную зону (Bulatov, 2017[8]). Наибольшим в регионе за оцениваемый период оказался приток чистых ПИИ из России в Кыргызстан, составивший 15% от общего притока ПИИ (см. Рисунок 5). В Казахстане объем российских ПИИ сравнительно невелик, и это позволяет предположить, что, несмотря на растущий приток ПИИ, значение российских инвестиций вне крупных проектов по добыче полезных ископаемых остается низким. В Монголии российских инвестиций практически нет: они составляют всего 0,1% в общем объеме, а доля в чистом притоке за рассматриваемый период имеет отрицательное значение, свидетельствуя об осуществлявшемся в последние годы выводе российских инвестиций.

[1] Банком-корреспондентом называется финансовая организация, выполняющая поручения другой финансовой организации, нередко – в другой стране. Главным образом, банки пользуются услугами корреспондентов для обслуживания или выполнения операций за рубежом, что дает банкам доступ к иностранным финансовым рынкам без необходимости открывать там свои отделения.

[2] В ряде случаев цифры, поступившие из обоих указанных источников, значительно различаются между собой. К примеру, по данным Кыргызстана, приток российских ПИИ составляет почти 15% общего притока ПИИ в страну, тогда как по данным ЦБ РФ он равен 55%. В остальных случаях два набора данных, невзирая на различия, отражают сходную динамику за рассматриваемый здесь период времени (с 2016 по 2020 годы). Для поиска и сравнения данных мы предпочли использовать информацию национальных статистических органов относительно объема и притоков ПИИ.

Рисунок 5. Доля российских инвестиций в общем объеме и притоке ПИИ в Центральной Азии, 2016-2020 годы

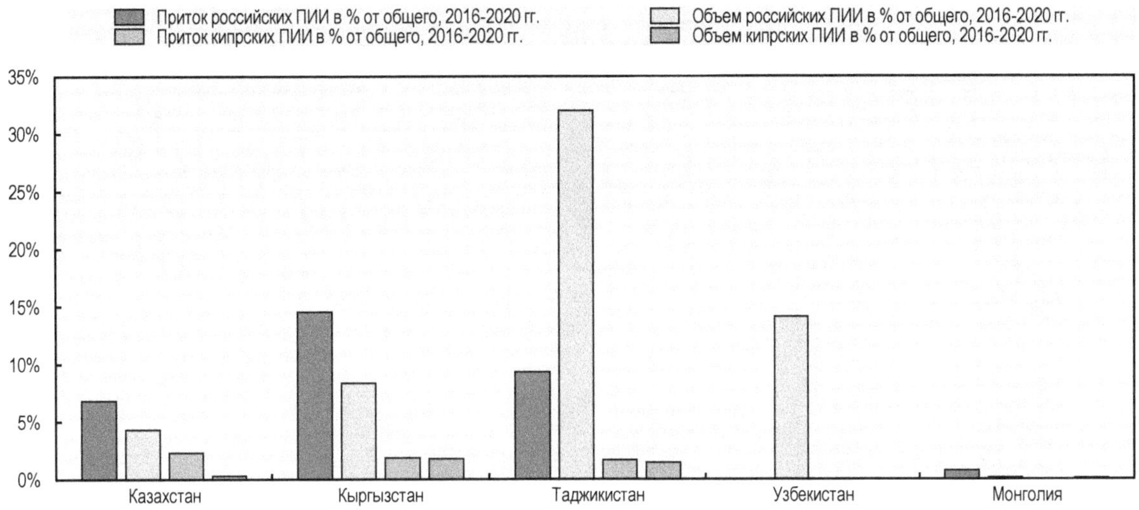

Примечания. 1) В целях сопоставления сведения об объемах инвестиций относятся к инвестиционным позициям по данным принимающей экономики и взяты из базы МВФ CDIS, а данные о притоках – из информации национальных статистических органов указанных выше стран. 2) Данные об объеме ПИИ в Узбекистане сообщены страной-инвестором. Доля России в объеме ПИИ в Узбекистане может быть завышена, так как некоторые страны (в том числе Кипр, Франция и Япония) не раскрыли информацию о ПИИ в Узбекистан. 3) Данные по Туркменистану отсутствуют, равно как и данные о притоках ПИИ в Узбекистан. 4) Данные о притоке ПИИ в Таджикистан наличествуют только за 2017-2019 годы.
Источник: (IMF, 2022[9]).

Население: трудовая миграция и денежные переводы

Денежные переводы остаются важным источником дохода и валютных накоплений для стран Центральной Азии, составляя 32,7% в структуре ВВП Кыргызстана, 33,4% в ВВП Таджикистана и 13,3% в ВВП Узбекистана по данным за 2021 год (см. Рисунок 6) (KNOMAD, 2022[10]). Основная масса таких переводов поступает из России: так, в 2021 году российские переводы в Кыргызстан составили 26,9% национального ВВП, в Таджикистан – 19,5% ВВП, в Узбекистан – 7,4% ВВП, образуя более 50% в совокупном объеме переводов, полученных за год (KNOMAD, 2022[10]; World Bank, 2022[11]; Central Bank of Russia, 2022[12]).

Рисунок 6. Доля денежных переводов из России в страны Центральной Азии в % от ВВП за период с 2017 по 2021 годы

Примечание: доля переводов из России в Таджикистан рассчитана исходя из данных только за 2020 и 2021 годы.
Источник: (KNOMAD, 2022[10]) (World Bank, 2022[11]) (Central Bank of Russia, 2022[12]).

Влияние международных санкций на российскую экономику пока не столь заметно, как ожидалось поначалу

Цель экономических санкций, введенных Европейским союзом и США, в том, чтобы вынудить Россию к прекращению войны

В ответ на решение России признать независимость неподконтрольных правительству территорий Донецкой и Луганской областей и полномасштабное российское вторжение в Украину, начавшееся 24 февраля 2022 года, США, Европейский союз, страны «Группы семи», многие западные и иные партнеры наложили на Россию санкции, стремясь лишить ее возможности финансировать войну. Принятые меры относились как к реальному сектору экономики, так и к макрофинансовой стабильности, и дополняли более мягкие санкции, последовавшие за аннексией Крыма в 2014 году.

Начиная с февраля 2022 года ЕС ввел восемь пакетов санкций или ограничений против России, ряд которых затронул и Беларусь (European Commission, 2022[13]). Основные санкции касались технологий, финансового сектора и энергетики и затрагивали широкий круг российских организаций и частных лиц, в том числе государственные СМИ и медиа-агентства, высокопоставленных правительственных чиновников, связанных с российским режимом бизнесменов и других влиятельных лиц, министерства, государственные предприятия и частные банки. Помимо этого, были наложены санкции на финансовые активы, находящиеся в юрисдикции западных стран, транзакции с участием Центрального банка РФ, экспорт оружия, нефтегазовой техники, предметов роскоши и высокотехнологичных товаров, а также введены различные ограничения на импорт (Vienna Institute for International Economic Studies, 2022[14]). В последний пакет санкций, в частности, входит установление «ценового потолка» на импорт российской нефти, что соответствует плану ЕС в 2023 году прекратить импортировать нефть из России, для чего европейским компаниям запрещается транспортировать сырую нефть из России в третьи страны по цене выше определенной (Economist Intelligence Unit, 2022[15]; European Council, 2022[16]).

США также наложили ряд санкций на крупнейшие российские финансовые институты, банки, государственные предприятия, представителей элиты и членов их семей, и ввели запрет на новые инвестиции в страну. В число американских санкций входят запрет на импорт российской нефти, природного газа и угля в США, санкции в адрес более чем 400 физических лиц и организаций, различные финансовые ограничения для «Сбербанка», ВТБ и «Альфа-Банка», а также запрет на экспорт долларовых банкнот и многих американских технологий в Россию (The White House, 2022[17]). Также были подготовлены вторичные санкции, свидетельствующие о готовности США применить санкции к организациям вне России в случае торговли или оказания финансовой, технологической или материальной поддержки армии РФ или российской аннексии суверенных украинских территорий (US Department of the Treasury, 2022[18]).

В результате согласованного и сравнительно оперативного принятия комплексных санкций против финансовой системы России для многих зарубежных инвесторов российские активы стали проблемными, что привело к их распродаже, а это, в свою очередь, к быстрому оттоку капитала, первоначальному обесценению рубля почти на 60%, беспорядочному оттоку вкладов из страны и обвалу фондового рынка (Interfax, 2022[19]; Central Bank of Russia, 2022[20]; Central Bank of Russia, 2022[21]). Европейские санкции главным образом влияют на снабжение потребительскими товарами, поскольку ЕС – крупнейший торговый партнер России по товарному импорту (European Commission, 2022[13]), однако сложность работы в условиях санкций и отрицательное отношение к работе с Россией с начала войны привело к сворачиванию операций на российском рынке более чем 1000 иностранных компаний, в том числе связанных с авиацией, финансами, производством программного обеспечения и сельским хозяйством. Это способствовало разрушению цепочек снабжения, отчего российские операторы торговли испытывали затруднения в работе и вынуждены были искать замену импортным товарам (IMF, 2022[22]). Как следствие, эти нарушения привели к задержке поставок, недостатку товаров и росту цен, вызвав кризис предложения (Vienna Institute for International Economic Studies, 2022[14]).

Невзирая на сокращение, российская экономика оказалась устойчивее, чем ожидалось

В 2022 году ожидалось резкое сокращение российской экономики; в апреле 2022 года МВФ прогнозировал «серьезное сокращение» на 8,5%, вызванное влиянием санкций на международную торговлю, нарушением работы финансовых систем и утратой доверия (IMF, 2022[22]; OECD, 2022[23]; Vienna Institute for International Economic Studies, 2022[14]). Однако впоследствии оценки спада в экономике России в 2022 году были пересмотрены на 5,1 п.п. и по последним данным прогнозируется сокращение на 3,4% (IMF, 2022[24]). На данный момент экономика оказалась устойчивее, чем предполагалось, в силу следующих причин: 1) резкий рост цен на сырье (энергетический рынок заложил в цену сокращение поставок нефти, последовавшее за объявлением эмбарго, хотя Европа продолжила покупать нефть; к тому же Россия нашла альтернативных покупателей в Китае и Индии, что увеличило доходы бюджета и компенсировало потери в Европе (Meduza, 2022[25])); 2) целенаправленные меры денежно-кредитной политики Центрального банка России (ЦБ РФ), предотвратившего отток капитала из банков, волну банкротств и рост инфляции путем резкого повышения ключевой ставки; 3) устойчивый рынок труда (IMF, 2022[24]).

И все же ряд факторов указывает на возможность более значительного сокращения экономики в долгосрочной перспективе. Первый из них – дефицит технологических ресурсов. В условиях все более закрытой экономики под действием запретов на импорт технологий и других специализированных ресурсов, необходимых для российской промышленности, вероятно серьезное влияние на технологическое развитие, промышленное производство и долгосрочный экономический рост. В автомобильной и авиационной отраслях России уже наблюдаются признаки упадка: по информации от российских авиакомпаний, они вынуждены разбирать самолеты ради запчастей, которые больше не могут приобретать за границей (Reuters, 2022[26]), а в производстве автомобилей отмечено 80%-е сокращение в годовом исчислении по состоянию на август 2022 года (EIU, 2022[27]).

Ожидается, что нефтяные санкции ЕС, которые вступят в силу в 2023 году, равно как и сокращение поставок газа, сократят российские доходы от энергоносителей. Установление потолка цен на нефть едва ли приведет к обрушению добычи и экспорта нефти в России, но все же лишит ее существенного источника доходов, поскольку до войны на ЕС приходилось примерно 50% продаж нефти, и увеличит для других стран риск торговли с ней. В 2023 году российское правительство уже ожидает сокращения экспортных доходов почти на 10%. Для увеличения поставок газа на восток потребуются значительные капиталовложения в инфраструктуру, поскольку в настоящее время ее состояние не позволяет перенаправить сокращающиеся объемы газа с европейского рынка в Азию (Energy Monitor, 2022[28]).

Наконец, не менее важно, что переход к военной экономике и частичная мобилизация, объявленная 21 сентября, как ожидается, окажут структурное воздействие на рост ВВП: сокращение доступных трудовых ресурсов, снижение потребительских расходов населения, уменьшение налоговых поступлений и значительный отток высококвалифицированного человеческого капитала из России должны отрицательно повлиять на экономический рост (Meduza, 2022[25]). Согласно источникам, после объявления мобилизации страну покинуло более 250 000 человек (Novaya Gazeta Europe, 2022[29]), не говоря уже о сотнях тысяч тех, кто выехал сразу после февральских событий (BBC, 2022[30]). Отъезд молодых предприимчивых специалистов в научной, финансовой и технической областях и сокращение рабочей силы окажут отрицательное воздействие на способность страны к инновационному развитию, демографические тенденции и, в конечном итоге, на траекторию долгосрочного экономического развития.

Таблица 1. Обзор основных видов санкций, наложенных на Россию, по состоянию на октябрь 2022 года

	ОРГАНИЗАЦИИ, ОТРАСЛИ И ЛИЦА, СТАВШИЕ ОБЪЕКТАМИ САНКЦИЙ					
	Технологии	**Торговля и энергетика**	**Центральный банк**	**Финансовые организации**	**Госпредприятия**	**Олигархи**
ВИДЫ САНКЦИЙ	Запрет на экспорт для оборонной, аэрокосмической, морской, нефтеперерабатывающей, авиационной, транспортной и электронной отраслей и индустрии роскоши Контроль экспорта технологических изделий двойного назначения (микрочипов, полупроводников, серверов) с использованием чипов, разработанных или произведенных на Западе	Запрет на импорт сырой нефти и переработанных нефтепродуктов (с некоторыми исключениями), угля и других видов твердого ископаемого топлива, золота, стали, железа, древесины, цемента и определенных видов удобрений, морепродуктов, алкоголя Ценовой потолок на российскую нефть Запрет для компаний из стран ЕС на оказание страховых, брокерских или финансовых услуг для экспорта нефти из России в третьи страны Остановка ввода в эксплуатацию газопровода «Северный поток-2»	Отсутствие доступа к активам, размещенным в частных организациях и центральных банках ЕС и США Запрет для банков на предоставление кредитов, оказание услуг или содействия правительству и ЦБ РФ Запрет на любые операции (перевод активов, валютные операции и пр.) с ЦБ РФ	Заморозка активов и запрет на предоставление средств и экономических ресурсов организациям и лицам, фигурирующим в санкционном списке Отключение некоторых российских банков от системы SWIFT (в том числе «Сбербанка» – крупнейшего банка России) Запрет на инвестиции в проекты суверенного инвестиционного фонда РФ (Российского фонда прямых инвестиций)	Запрет на любые операции с определенными российскими госпредприятиями Запрет на листинг и оказание услуг на торговых площадках Запрет на новое предоставление капитала и заемных средств	Заморозка активов и запрет на предоставление средств и экономических ресурсов лицам, фигурирующим в санкционном списке Запрет для банков на прием вкладов в размере свыше 100 000 евро Запреты на въезд и визовые ограничения Арест предметов роскоши, имущества и активов

ОЖИДАЕМОЕ ВЛИЯНИЕ НА РОССИЙСКУЮ ЭКОНОМИКУ	Ограничение закупок оборудования и технологий для оборонной промышленности, которые одновременно могут использоваться в гражданских целях, влияние на военную промышленность и высокотехнологичные отрасли Деградация промышленного развития	Падение нефтяных доходов России Сдерживание возможного скачка цен на российскую нефть	Осложнение процедуры международных платежей Неустойчивость курса рубля, рост инфляции, снижение покупательной способности Рост правительственных расходов по займам Отсутствие доступа к зарубежным активам, хранящимся в центральных банках и частных организациях других стран	Осложнение процедуры международных платежей Сокращение инвестиций и экономической активности Исключение России из мирового рынка	Сокращение доходов и источников налогообложения Сокращение инвестиций и экономической активности Исключение России из мировых цепочек снабжения	Рост политических издержек, связанных с поддержкой российского правительства Осложнение попыток избежать санкций

Источник: (De Nederlandsche Bank, 2022[31]) (Central Bank of Ireland, 2022[32]) (European Commission, 2022[33]) (NPR, 2022[34]) (US Department of the Treasury, 2022[35]) (EUR-Lex, 2022[36]) (European Commission, 2022[37]) (Interfax, 2022[38]) (Office of Foreign Assets Control, 2022[39]) (European Council on Foreign Relations, 2022[40]).

На первый взгляд, экономика стран Центральной Азии выстояла против потрясений, вызванных санкциями

В первом полугодии ВВП во всех странах продолжил расти

Принимая во внимание тесные экономические связи Центральной Азии с Россией и прогнозы быстрого и серьезного сокращения экономики последней, многие наблюдатели ожидали, что нарастающий эффект международных санкций подорвет тенденцию к восстановлению экономики стран Центральной Азии после пандемии, наметившуюся в 2021 году (см. Рисунок 7) (OECD, 2021[4]).

Рисунок 7. Рост реального ВВП в странах Центральной Азии (в %)

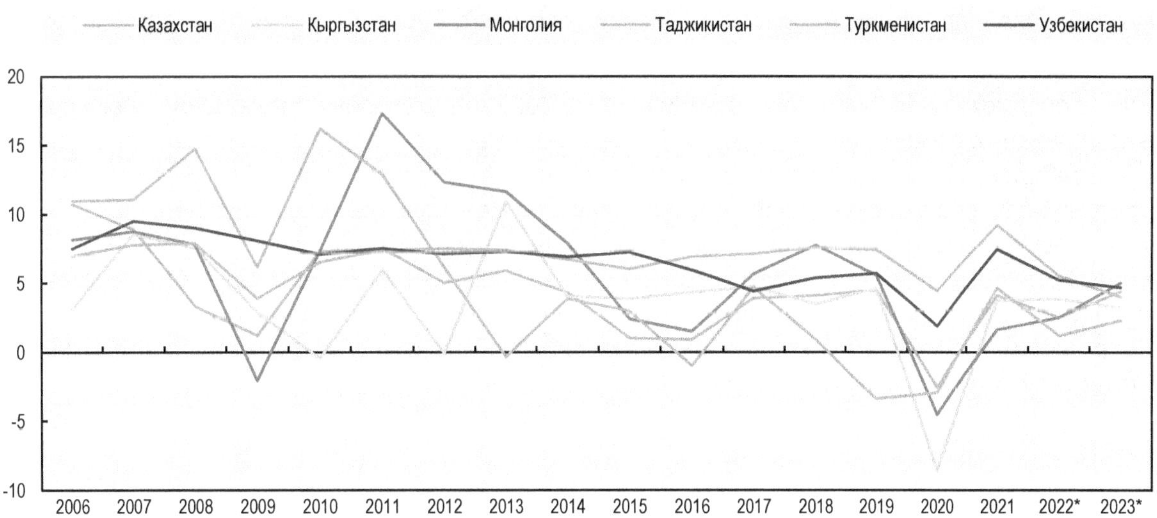

Источник: (IMF, 2022[22]).

По сравнению с прогнозами осени 2021 года ожидалось, что в 2022 году рост сократится более чем вдвое, исключая Монголию и Туркменистан (см. Таблица 1). Наибольший спад прогнозировался в странах с максимальной уязвимостью, не экспортирующих сырьевые товары, и прежде всего в Кыргызстане и Таджикистане, где, как предполагалось, последствия войны в Украине усугубят существующий риск долгового кризиса (OECD, 2021[4]; IMF, 2022[22]).

Таблица 2. Вероятность замедления тенденции 2021 года к восстановлению экономики после пандемии в странах Центральной Азии

Расхождения с изначальными прогнозами подчеркивают силу экономического шока, ожидавшегося в регионе

	Рост ВВП, 2021 г.	**Прогноз роста ВВП, 2022 г.**			Прогноз роста ВВП, 2023 г.	
		Оценки в октябре 2021 г.	**Оценки в апреле 2022 г.**	**Оценки в октябре 2022 г.**	Оценки в апреле 2022 г.	Оценки в октябре 2022 г.
Казахстан	4,0	**3,9**	**2,3**	**2,5**	4,4	4,4
Кыргызстан	3,7	**5,6**	**0,9**	**3,8**	5,0	3,2
Монголия	1,4	**Нет данных**	**2,0**	**2,5**	7,0	5,0
Таджикистан	9,2	**4,5**	**2,5**	**5,5**	3,5	4,0
Туркменистан	4,9	**1,7**	**1,6**	**1,2**	2,5	2,3
Узбекистан	7,4	**5,4**	**3,4**	**5,2**	5,0	4,7

Источник: (IMF, 2021[41]; IMF, 2022[22]; IMF, 2022[24]).

Опасения, что экономические последствия войны в Украине способны подорвать восстановление экономики после пандемии, пока не сбылись. Напротив, прогнозируемые цифры роста для стран региона с тех пор были пересмотрены в сторону увеличения (см. Таблица). Наиболее выраженные изменения произошли в оценках для Таджикистана (+ 3 п.п.), Кыргызстана (+2,9 п.п.) и Узбекистана (+1,8 п.п.); для Монголии и Казахстана изменения были умереннее (+0,5 п.п. и +0,2 п.п. соответственно). Только прогноз по Туркменистану как на 2022, так и на 2023 годы, изменился в сторону снижения. Росту в первом полугодии способствовало заметное увеличение потребления, вызванное повышением заработной платы в государственном секторе, массивным притоком денежных переводов в Кыргызстан, Таджикистан и Узбекистан, резким увеличением товарооборота, наводящим на мысль о теневой торговле с Россией, и заметным ростом доходов сырьевых экспортеров Казахстана и Туркменистана (ЕБРР).

Однако пересмотр цифр роста, прогнозируемых на 2023 год, в сторону уменьшения, даже при том что по сравнению со многими странами мира они по-прежнему выглядят внушительно, напоминает, как нестабилен процесс восстановления экономики в регионе. Если российской экономике предстоит дальнейшее сокращение, не исключено, что Центральную Азию ждут негативные и куда более масштабные последствия. Беспрецедентные уровни политической и экономической неопределенности делают прогнозы и модели роста ненадежными как никогда, и это указывает на необходимость решения долгосрочных структурных проблем и диверсификации внешнеторговых и инвестиционных связей, чтобы заложить траекторию уверенного и устойчивого роста в странах Центральной Азии.

Таблица 2. Обзор ожидавшихся и фактических видов воздействия на страны Центральной Азии

		Первоначальные ожидания Весна 2022 года	Наблюдаемый эффект Сентябрь 2022 года
ПУТИ ВОЗДЕЙСТВИЯ	МАКРОЭКОНОМИКА	**Снижение темпов роста** в регионе Значительный **рост цен, особенно на основные продовольственные продукты** • В Казахстане **прогнозируемый НБРК уровень инфляции** вырос до 11,4% • В Узбекистане **НБУ прогнозировал на 2022 год инфляцию** от 12 до 14 % **Повышение расходов на электроэнергию** в Кыргызстане, Монголии и Таджикистане, вызванное высокой степенью зависимости от энергоимпорта из России	**Пересмотр темпов роста на 2022 год в сторону увеличения** • В 2023 году ожидается более умеренный рост • Росту способствовало увеличение потребления (значительный приток переводов в Кыргызстан и Узбекистан, повышение заработной платы в государственном секторе, резкий рост теневой торговли с Россией) **Рекордное повышение цен** на продовольственные и энергетические продукты **Высокий уровень роста доходности сырьевого экспорта**, особенно в Казахстане
	РЫНОК ТРУДА	**Значительное сокращение переводов от трудовых мигрантов** в странах Центральной Азии, особенно в Кыргызстане, Таджикистане и Узбекистане **Рост напряжения в низкоквалифицированных сегментах рынка рабочей силы** вследствие возвращения мигрантов **Перемещение трудовых ресурсов из России и Беларуси**, особенно в секторе ИТ	**Рекордный приток переводов** в Кыргызстан и Узбекистан • Относительное укрепление рубля, поддержавшее стоимость переводов **Отсутствие резкого увеличения количеств возвращающихся мигрантов** **Перемещение высококвалифицированных русскоговорящих работников и фирм** в ИТ-парки и СЭЗ стран региона
	ФИНАНСОВЫЙ СЕКТОР	**Операционные трудности** банков, принадлежащих россиянам, или аффилированных лиц российских банков **Возможные сбои в работе банковского сектора**, поскольку у многих банков тесные связи с банками-корреспондентами в России • Российские банки входят в четверку ведущих корреспондентов всех банков Казахстана и Кыргызстана, 75% банков Таджикистана и половины банков Монголии и Узбекистана **Дестабилизация платежных систем в Казахстане и Узбекистане**, если система «Мир» подпадет под санкции США **Значительное обесценение и неустойчивость** национальных валют в тандеме с рублем	**Отсутствие наблюдаемых сбоев в работе банковских систем** стран региона • В Казахстане дочерние компании российских банков («Сбербанка» и «Альфа-Банка») свернули операции и были проданы казахстанским банкам • Значительное увеличение поступлений денежных средств от населения России (чтобы получать карты для международных расчетов, выводить за рубеж валютные накопления и финансировать импорт в Россию) • Постепенная отмена системы «Мир» в странах региона • Ужесточение мер по обеспечению нормативно-правового соответствия, чтобы ограничить риск подпадения под вторичные санкции **Переход на платежи в национальной валюте** в деловых кругах **Стабилизация обменных курсов** • Укрепление валютных курсов после первоначального падения, вмешательства центральных банков в Кыргызстане и Таджикистане • Умеренное ослабление тенге в Казахстане

	Первоначальные ожидания Весна 2022 года	Наблюдаемый эффект Сентябрь 2022 года
ТОРГОВЛЯ И ЭНЕРГЕТИКА	**Рост доходов от продажи энергетического и минерального сырья** по мере роста сырьевых цен, особенно в Казахстане (нефть), Монголии (минеральное сырье) и Узбекистане (золото) **Снижение экспортных доходов стран Центральной Азии** вследствие сокращения российской экономики **Разрушение цепочек снабжения**, поскольку страны Центральной Азии во многом зависят от российских ресурсов **Сокращение зернового импорта** в силу российских экспортных ограничений • Казахстан импортирует российское зерно в значительных количествах • Влияние запрета на экспорт зерна из Казахстана на регион	**Значительное увеличение объемов сырьевого экспорта** • Исключение составляет Монголия, чей основной экспортный товар (уголь) главным образом зависит от спроса со стороны Китая **Увеличение «теневой» торговли с Россией**, особенно в Кыргызстане и Таджикистане, где реэкспорт товаров (в основном китайских), по всей видимости, стал крупным направлением бизнеса **Рост бизнес-расходов** вследствие нарушения связей с российскими поставщиками сырья и материалов, снижающего прибыльность, и доступа к кредитованию
ИНВЕСТИЦИИ	**Инвестиционный спад** вследствие сокращения российских инвестиций и роста неопределенности (рисковость) Риск подпадения под **вторичные санкции**	**Тенденций пока не наблюдается** Китай активно развивает инвестиционные проекты в регионе **Рост притока ПИИ в Кыргызстан и Монголию** после урегулирования длительных споров вокруг добычи полезных ископаемых (месторождения Кумтор в Кыргызстане и рудника Оюу-Толгой в Монголии)

Источник: анализ, проведенный ОЭСР, 2022 год.

Негативное влияние на основные факторы роста пока отсутствует

Денежные переводы продолжили поддерживать уровень потребления в регионе

Переводы от трудовых мигрантов являются существенным источником дохода для домохозяйств, а косвенно и правительств, стран Центральной Азии и главным образом расходуются малоимущими семьями на непосредственное потребление. В начале войны России с Украиной прогнозы на 2022 год говорили о резком сокращении притока переводов как по стоимости, так и по объему. Так, в Кыргызстане прогнозировалось сокращение переводов на 33%, в Таджикистане – на 22%. Аналогичные ожидания были распространены и среди самих мигрантов. По данным опросов, порядка 40% трудовых мигрантов из Узбекистана и Кыргызстана, работавших в России, весной 2022 года планировали возвратиться на родину. В числе основных причин такого решения были названы финансовые трудности, в том числе потеря работы и боязнь, что рубль надолго обесценится по отношению к доллару (State Migration Agency of Uzbekistan, 2022[42]; Insan-Leilek Foundation, 2022[43]). Это напоминает события середины 2010-х годов, когда переводы в регион сократились на 40%; в тот момент Россия оказалась под ударом санкций, последовавших за противоправной аннексией Крыма, в сочетании с завершением сырьевого «суперцикла» (KNOMAD, 2022[10]; World Bank, 2022[44]).

Вопреки ожиданиям, в первом полугодии 2022 года поступление переводов в Кыргызстан, Таджикистан и Узбекистан увеличилось, что значительно повлияло на показатели потребления и роста (EBRD, 2022[45]). Особенно заметным это стало в Узбекистане, где поступление переводов, по оценкам в годовом исчислении, выросло на 96%. В Кыргызстане цифры были скромнее (+11%), но имели относительно большее значение для экономики, учитывая более заметную роль денежных переводов в структуре ВВП. Однако причины этого увеличения пока не понятны. Даже если в России вырос спрос на труд мигрантов, занятых главным образом в строительстве, это едва ли объясняет размер дополнительных переводов. Кроме того, пресса и наблюдатели в странах

Центральной Азии сообщают о снижении занятости и доходов трудовых мигрантов в России. Так, в первом квартале 2022 года из России вернулись на родину 60 000 таджикских и 133 000 узбекских мигрантов (IOM, 2022[46]). Экстренный перевод сбережений на родину, сделанный некоторыми мигрантами в тревоге о будущем, а также невозможность статистически разделить переводы от трудовых мигрантов и другие денежные переводы из России, осуществлявшиеся с целью обхода ограничений на покупку иностранной валюты, тоже могут отчасти объяснять эти цифры. Первое объяснение кажется наиболее актуальным для Кыргызстана, второе – для Узбекистана. В Таджикистане, напротив, к маю 2022 года поступления переводов сократились на 10%, по некоторым данным, что соответствует сведениям о потере работы в России среди таджикских мигрантов. Тем не менее, быстрое восстановление позиций российского рубля и таджикского сомони по отношению к доллару смягчило последствия (ADB, 2022[47]), а таджикские мигранты все чаще предпочитают Казахстан, как более безопасное место для заработков (Radio Ozodi, 2022[48]).

Рост цен на энергоносители пошел на пользу сырьевому экспорту в регионе

В экономике стран Центральной Азии сохраняется высокая степень концентрации, поскольку растянутые во времени, а затем и затормозившиеся реформационные процессы не помогли расширить структуру экспорта и диверсифицировать производство, отчего большинство стран продолжает экспортировать главным образом добываемое сырье (см. Рисунок 8). Экспорт сырьевых товаров, в том числе энергоресурсов и металлов, составляет в среднем более 60% в общем объеме экспорта из стран региона, в Монголии и Казахстане достигая 80% (UNCTAD STAT, 2022[1]). В целом, экспорт занимает более трети в структуре ВВП стран региона, и в каждой стране свыше двух третей общего объема экспорта приходится на три ведущих продукта в национальной экспортной корзине (OECD, 2021[4]). Кроме того, страны региона, исключая Казахстан, имеют очень узкий круг экспортных рынков, среди которых виднейшее место занимает Россия. Столь низкая степень диверсификации делает регион весьма подверженным влиянию внешних потрясений, таких как коронавирусная пандемия или значительные колебания цен на сырьевые товары.

Рисунок 8. Структура экспорта, в среднем за период с 2016 по 2020 годы

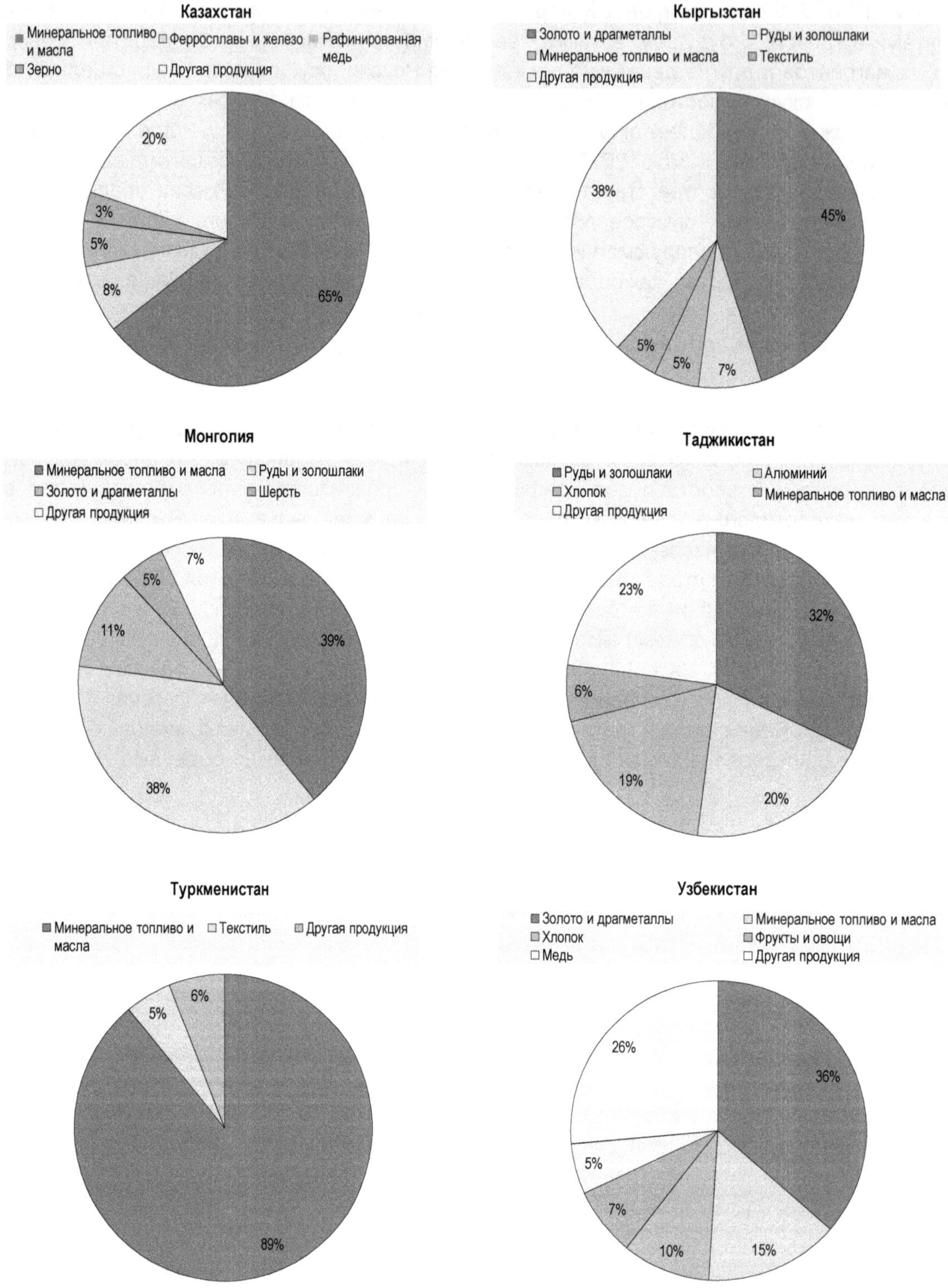

Источник: ОЭСР на основе данных (UNCTAD STAT, 2022[1]).

Резкое повышение мировых цен на сырье, особенно на энергоресурсы и металлы, наблюдавшееся в последние месяцы, до сих пор оказывало на страны Центральной Азии в целом положительное воздействие. Особенно это коснулось крупных экспортеров сырья, таких как Казахстан. В первом полугодии стоимость нефтяного экспорта выросла в годовом исчислении на 85%, а объемы – на 10%, поскольку Китай, Южная Корея и Сингапур увеличили объемы закупок. В силу этого в Казахстане ожидаются высокие показатели экономической и бюджетной эффективности; профицит текущего счета платежного баланса составил почти 3% от ВВП в 2022 году, а годовой прирост государственных доходов – 3,4 п.п. до 20,5% ВВП, из них 6,6 п.п. приходится исключительно на нефтяные доходы (IMF, 2022[49]). Однако длительное приостановление работы нефтепровода «Каспийского трубопроводного консорциума» способно уменьшить нефтяной экспорт из страны, а ухудшение общемировой ситуации может вести к снижению цен на нефть и увеличению расходов по займам.

Сходная тенденция наблюдается и в Узбекистане, где стоимость экспорта с февраля 2022 года почти утроилась. Это особенно заметно в отношении стоимости энергоресурсов и химической продукции, которая увеличилась в 13 и 7,5 раз соответственно, тогда как стоимость экспорта металлов выросла в пять раз. В совокупности эти три группы товаров составляют почти треть всего национального экспорта, что может привести к значительному увеличению внешнеторговых доходов. И наконец, в отношении золота, ставшего основным экспортным товаром страны, наблюдалось более скромное, хоть и важное, увеличение стоимости (+26%), что главным образом обусловлено увеличением объемов экспорта, поскольку цены на золото с начала 2022 года снижались (State Committee on Statistics, 2022[50]).

В других странах региона ситуация не столь однозначна. К примеру, в Монголии в течение 2021 года и до февраля 2022 года происходило сокращение объемов угольного экспорта, вызванное ограничением торговли с Китаем, хотя рост цен компенсировал это сокращение. С февраля объемы угольного экспорта, по-видимому, сравнялись по темпам роста с ценами, поскольку оба показателя увеличились в 14 раз. Та же динамика наблюдается в отношении экспорта меди (National Statistics Office of Mongolia, 2022[51]). Наконец, влияние сырьевых цен на Кыргызстан оказалось минимальным, поскольку структура его экспорта обладает более высокой степенью диверсификации и менее зависима от энергоресурсов, а экспорт золота в Таджикистане в первом полугодии даже сократился (Tajstat, 2022[52]; National Bank of Kyrgyzstan, n.d.[53]).

Рост инфляции отрицательно влияет на бизнес и население

На данный момент высокие уровни инфляции являются наиболее прямым и значимым следствием войны в Украине для стран Центральной Азии (см. Рисунок 9). В августе 2022 года инфляция потребительских цен достигла 16,1%; в июле – 15,7% в Монголии (после июньского пика в 16,1%), 14% в Кыргызстане и 12,3% в Узбекистане (EBRD, 2022[45]). Мировое повышение цен на зерно и затрат на удобрения привело к росту цен как на импортное продовольствие, так и на продукты отечественного производства, а разрушение цепочек снабжения еще увеличило производственные расходы. По данным недавнего исследования Всемирного банка «Пульс бизнеса», у 87% предприятий в Кыргызстане, 56% в Узбекистане и 53% в Таджикистане с февраля 2022 года выросла себестоимость продукции, поскольку значительная часть ресурсов поступает из России (World Bank, 2022[54]). Другой важный расход и для населения, и для бизнеса – это электроэнергия, так как энергоимпорт из России в 2019 году обеспечивал 60% общего энергопотребления в Кыргызстане, чуть менее 30% в Таджикистане и 15% в Монголии (см. Рисунок 4).

Рисунок 9. Средние потребительские цены в странах Центральной Азии по расчетам за октябрь 2022 года (в %)

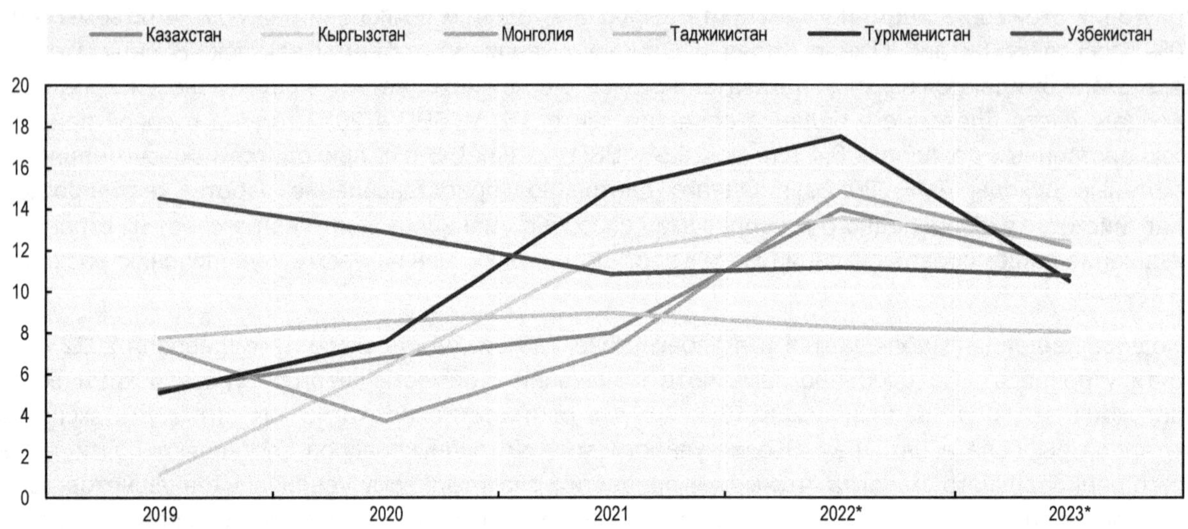

Примечание: *предварительные оценки.
Источник: (IMF, 2022[24]).

Согласно данным национальных статистических органов, инфляция продовольственных цен в регионе резко выросла, достигнув 22,2% в Казахстане (август) и 9,7% в Таджикистане (июль), где на еду приходится более 50% расходов домохозяйств, 21,5% в Монголии (июль) и 16,5% в Узбекистане (июнь). В последних двух случаях продовольственные товары составляют соответственно 26 и 40 % в потребительской корзине домохозяйств (Tajstat, 2022[55]; National Statistics Committee of the Kyrgyz Republic, 2022[56]; Bureau of National Statistics, 2022[57]; State Committee on Statistics, 2022[58]; National Statistics Office of Mongolia, 2022[59]; EBRD, 2022[45]). И хотя в 2023 году ожидается снижение темпов инфляции, свою роль может сыграть целый ряд рисков, так что рост цен на продовольствие и электроэнергию усугубляет угрозу нехватки продовольствия, возникшую в условиях пандемии COVID-19 (OECD, 2021[4]; OECD, 2021[60]; World Bank, 2022[44]). Особенно тяжелым может оказаться положение малоимущих семей, доля продовольствия и электроэнергии в потребительской корзине которых больше, чем у остальных. Так, в Таджикистане подобный риск возник уже в 2021 году: 33% домохозяйств сообщили о сокращении потребления продовольствия в первом полугодии, что на 5% больше, чем в предыдущем году (World Bank, 2021[61]). Главным образом это было вызвано скачком инфляции (+9,2%) в первой половине 2021 года и снижением заработков населения.

Торговые связи по всей Центральной Азии остаются прочными, но из-за тесных отношений с Россией регион подвержен как политическим рискам, так и рискам в сфере снабжения

Активность торговли в Центральной Азии сохраняется, но подозрения в теневой торговле с Россией могут навлечь на страны региона вторичные санкции

Принимая во внимание структуру региональной торговли с Россией (см. Рисунок 2), в связи с прогнозируемым сокращением инфраструктурного, строительного и промышленного секторов в

России после начала войны ожидалось снижение российского спроса на импорт минерального сырья и химикатов (Pestova, 2022[62]; IMF, 2022[5]). Однако, поскольку долю экспорта в Россию продовольственных и промышленных товаров тоже нельзя назвать несущественной, продукция стран Центральной Азии рассматривалась как перспективная недорогая замена ряду экспортных европейских товаров.

Рисунок 10. Годовое изменение товарооборота с Россией в первом полугодии 2022 года (%, в годовом исчислении)

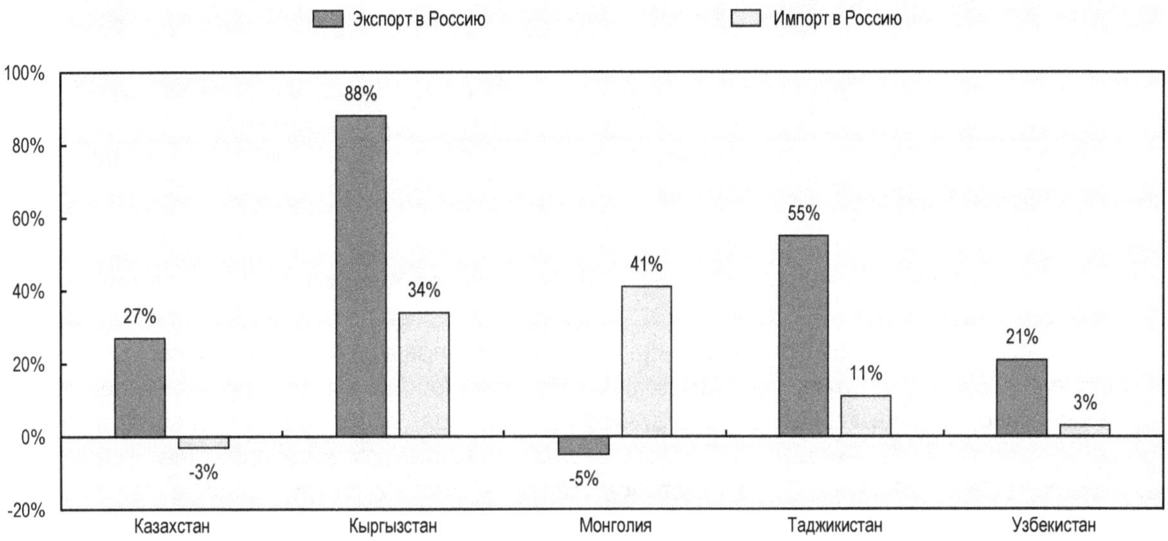

Примечание: данные по Казахстану, Таджикистану и Узбекистану охватывают период с января по июнь, по Кыргызстану дополнительно включают июль, по Монголии – август. Данные по Туркменистану отсутствуют.
Источник: (National Bank of Kyrgyzstan, n.d.[53]; National Bank of Kazakhstan, 2022[63]; State Committee on Statistics, 2022[50]; Tajstat, 2022[52]; National Statistics Office of Mongolia, 2022[51]).

Данные национальных органов статистики за первое полугодие 2022 года свидетельствуют о значительном увеличении объемов экспорта в Россию из всех стран региона, кроме Монголии (см. Рисунок 10), тогда как увеличение импорта главным образом отражает повышение цен на электроэнергию и зерно. Интересно отметить, что общая динамика экспорта, судя по всему, не соответствует наблюдавшейся после первой волны антироссийских санкций, которые были вызваны аннексией Крыма в 2014 году (см. Рисунок 11). Учитывая серьезные различия в масштабе прежних и нынешних санкций, можно прийти к выводу, что в настоящий момент Центральная Азия может считаться временным альтернативным поставщиком товаров, необходимых российской экономике.

Рисунок 11. Динамика товарного экспорта в Россию после первой волны международных санкций в 2014 году (в %, с 2014 по 2016 годы)

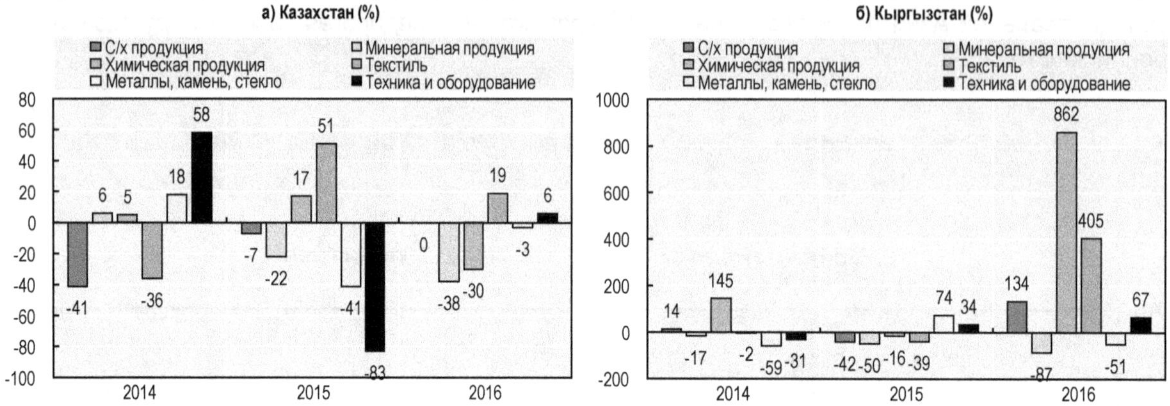

Источник: (UN Comtrade, 2022[2])

Экспорт из Казахстана в Россию вырос, что главным образом обусловлено мировым повышением сырьевых цен. Только в первой половине 2022 года экспорт сырой нефти увеличился по стоимости на 85%, однако на 89% данное увеличение объясняется повышением цен, а не увеличением объемов (National Bank of Kazakhstan, 2022[63]). И напротив, хорошо заметно снижение российского спроса на экспорт минеральных и энергетических ресурсов, особенно железных руд, золота, серебра и проката черных металлов. Экспорт казахстанской нефти в европейские страны также увеличился (EBRD, 2022[45]). С Узбекистаном картина уже не столь однозначна, поскольку стоимость месячного глобального экспорта из страны с февраля 2022 года снизилась на 47% (на 10% в годовом исчислении), тогда как двусторонняя торговля с Россией сохраняет прежнюю активность. Месячный объем экспорта в Россию за период с февраля по июль вырос на 78%, что в годовом исчислении дает 21% прироста за первое полугодие (State Committee on Statistics, 2022[50]). И наконец, рекордный рост объемов экспорта в Россию из Кыргызстана и Таджикистана наводит на мысли о теневых схемах торговли (EBRD, 2022[45]). Действительно, увеличение двусторонней торговли с Россией в Кыргызстане совпало по времени с сокращением экспорта в другие страны мира. Экспорт в Россию главным образом представлен промышленными товарами, производственным сырьем и материалами, а стоимость импорта промежуточной продукции, в основном китайской, выросла на 65% между первым и вторым кварталами 2022 года и на 69% в годовом исчислении (National Bank of Kyrgyzstan, n.d.[53]).

Разрушение цепочек снабжения отрицательно влияет на ряд отраслей и может увеличить торговые издержки

Узкий круг торговых партнеров и товаров, свойственный странам Центральной Азии, повышает восприимчивость региона к действию внешних потрясений, так как немногочисленность торговых партнеров и отсутствие альтернативных источников поставок при любом снижении спроса на основные экспортные или импортные товары оказывают усугубляющий эффект. Перебои в торговле при закрытии российских и китайских границ в начале 2020 года, усилившие недостаток продовольствия и товаров первой необходимости в первые месяцы пандемии, стали тревожным сигналом (OECD, 2021[4]). После начала войны нарушение цепочек снабжения, начинающихся в России или Украине либо проходящих через обе эти страны, привело к нехватке ресурсов для предприятий Центральной Азии. В целом, 43% фирм, принявших участие в исследовании Всемирного банка «Пульс бизнеса», сообщили, что импорт из России или Украины сократился в объемах или что они вообще больше не получают поставок из этих стран. Также интересно отметить, что среди фирм, сбывавших продукцию экспортерам или многонациональным компаниям из России или Украины, наблюдается сокращение продаж в среднем от 5 до 13 %, тогда как у фирм, не имевших покупателей в этих странах, продажи увеличились в среднем на 5% (World Bank, 2022[54]).

Россия и, в меньшей степени, Украина остаются важными источниками ресурсов, необходимых экономике стран Центральной Азии, где пока преобладает концентрация в области нижних звеньев производственно-сбытовых цепочек (World Bank, 2020[64]). Россия обеспечивает порядка трети регионального импорта минеральной продукции, 13% импорта неблагородных металлов и порядка 10% химической продукции, электрооборудования и продовольствия (см. Рисунок 2). В 2018 году она была первостепенным зарубежным поставщиком для Казахстана, поставляя ресурсы для разработки полезных ископаемых (включая энергоносители) и экспорта неблагородных металлов (WTO, 2020[65]). Переориентация некоторых торговых направлений в целом пошла бы на пользу странам Центральной Азии, но, согласно прогнозам, в краткосрочной перспективе рост экспортного спроса не сможет компенсировать потерю возможностей, которые давала торговля с Россией (Korn, 2022[66]).

Даже если не брать в расчет прямое влияние на импорт из России, вследствие нарушения торговых путей через Россию торговые издержки стран Центральной Азии, скорее всего, возрастут еще больше, что приведет к дальнейшему росту цен на потребительские товары. Именно Россия оставалась крупнейшим транзитным направлением для множества товаров, ввозимых в страны Центральной Азии или вывозимых оттуда. Согласно недавнему исследованию, мировые производственно-сбытовые цепочки, особенно в сфере сельскохозяйственного производства и добычи полезных ископаемых, быстро адаптируются к экономическим сбоям, вызванным конфликтом (Korn, 2022[66]), однако Центральной Азии это может даваться труднее, чем многим другим, в силу сохраняющихся недостатков транспортной связности и структуры экономики стран региона. Данные говорят о том, что цепочки снабжения в обрабатывающей промышленности перестраиваются медленнее, и это может усилить влияние нарушений в цепочках снабжения, зависящих от российской продукции. Кроме того, изолированность региона от мировых торговых путей главным образом обусловлена неудовлетворительным состоянием транспортных сетей, недостатком недорогих транспортных услуг в сфере контейнерных перевозок и отсутствием связующих звеньев между основными инфраструктурными коридорами, а это значит, что прокладка альтернативных торговых путей наверняка займет немало времени (OECD and ITF, 2019[67]).

Рост неопределенности может снизить инвестиционную привлекательность Центральной Азии

ПИИ остаются основным источником капиталообразования в регионе наряду с государственным финансированием и собственными средствами предпринимателей, а Россия остается важным региональным инвестором, способствующим распространению ноу-хау и созданию необходимой инфраструктуры, особенно в добывающем и энергетическом секторах, где по-прежнему сосредоточено большинство региональных ПИИ. Российские ПИИ и портфельные инвестиции за последние годы выросли в размерах, особенно в Казахстане, хотя и представляют собой сравнительно небольшую долю совокупных инвестиций в страну (см. Рисунок 12). В число последних инвестиционных проектов, стоимость которых достигает нескольких миллиардов долларов, входит разработка казахстанских нефтяных месторождений Каламкас-море и Хазар с участием российской компании «Лукойл», а Узбекистан обсуждает с «Росатомом» планы строительства атомной электростанции (Eurasianet, 2022[68]; Lukoil, 2021[69]). Вероятно, реализация этих инвестиционных проектов будет отложена, а проекты меньшего масштаба станут еще меньше или будут отменены (EBRD, 2022[7]; World Bank, 2022[44]).

Рисунок 12. Чистые притоки ПИИ в процентах от ВВП в странах Центральной Азии (в среднем за 5 лет)

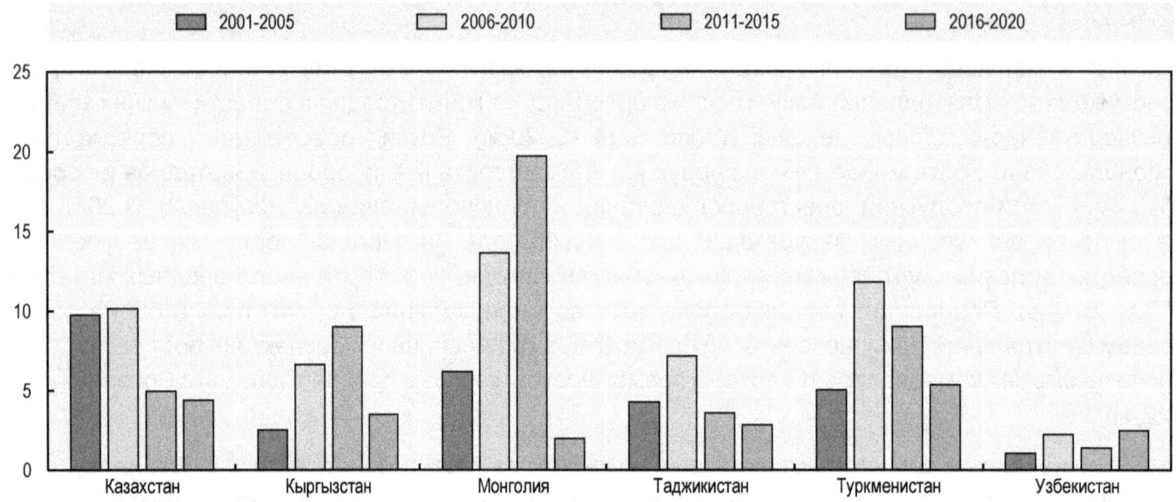

Источник: (World Bank, 2022[70]).

По предварительным данным за первое полугодие 2022 года, размеры российских инвестиций сократились. Так, в Казахстане во втором квартале 2022 года был отмечен отток российских ПИИ впервые со времен разгара пандемии в 2020 году (National Bank of Kazakhstan, 202[71]). Если данная тенденция сохранится или усилится, это дополнительно усугубит общую тенденцию к уменьшению как притоков ПИИ, так и инвестиций в создание новых производств, наблюдающуюся с момента завершения сырьевого «суперцикла» в 2014-2015 годах. Такая динамика спада во многом отражает нестабильность инвестиционной среды в Центральной Азии, глубоко укоренившиеся проблемы в банковском секторе региона и преобладание добывающих отраслей в общей структуре притоков ПИИ и капиталообразования (OECD, 2021[4]). В 2020 году пандемия COVID-19 привела к 18%-му сокращению притоков ПИИ в Центральную Азию, но и это сокращение было не столь значительным, как в большинстве других регионов мира, главным образом благодаря 35%-му увеличению чистых притоков ПИИ в Казахстан в связи с углеводородным месторождением Тенгиз. Тем не менее, пандемия наглядно показала, что странам Центральной Азии с трудом удается привлекать новые и более устойчивые инвестиции в отрасли, которые в большей мере способствуют созданию рабочих мест и диверсификации экономики. Наиболее заметны были сокращения притоков ПИИ и инвестиций в создание новых объектов в традиционных для ПИИ отраслях, то есть нефтедобыче, нефтепереработке, производстве кокса и химикатов; при этом перенаправления в такие отрасли как фармацевтика или технологии, перспективные с точки зрения диверсификации, не наблюдалось (UNCTAD, 2021[72]).

В дальнейшем чрезвычайно высокий уровень экономической неопределенности, в том числе серьезный понижательный риск в случае усиления военных действий, может привести к фрагментации мировых инвестиций и усугубить сокращение притоков инвестиций в страны Центральной Азии. Последствия пандемии COVID-19 позволили составить первое представление о возможном развитии событий: если в наиболее развитых странах мира уже в 2021 году инвестиции увеличились, то их увеличение в странах Центральной Азии, согласно прогнозам, должно было начаться лишь в 2022 году. Такое отставание может объясняться сохранившимися в регионе недостатками делового климата, снижающими его инвестиционную привлекательность в условиях ужесточения мировой конкуренции за ПИИ (OECD, 2021[4]).

Блок 1. Банки Центральной Азии благополучно перенесли нарушения в работе российского финансового сектора

Ранние прогнозы предсказывали значительные сбои в работе банковской системы Центральной Азии, вызванные отключением крупных российских банков от международной платежной системы SWIFT и тесными корреспондентскими связями между центральноазиатскими и российскими банками. Весной дочерние компании российских банков в странах Центральной Азии, в том числе казахстанские отделения банка ВТБ, «Сбербанка», «Альфа-Банка», подпали под действие международных санкций, в результате чего либо были проданы местным конкурентам, либо перешли на операции в национальной валюте. Кроме того, российский олигарх Усманов, фигурирующий в санкционном списке, был вынужден продать свою долю в узбекском частном банке «Капиталбанк», чтобы банк не оказался под санкциями, а сделка по продаже «Узагроэкспортбанка» российскому банку была отменена.

Устойчивость финансового сектора Центральной Азии к потрясениям после отключения десяти российских банков от международной платежной системы SWIFT могла объясняться ограниченным влиянием российского рубля. Вначале отключение помешало осуществлению трансграничных переводов денежных средств и повысило стоимость переводов, однако банки Центральной Азии оперативно перешли на платежи в национальной валюте и ужесточили меры по обеспечению нормативно-правового соответствия, чтобы не подпасть под действие вторичных санкций: в частности, ряд финансовых институтов региона ограничил или вообще запретил использование российских платежных карт «Мир», поскольку США объявили, что установление или развитие отношений с данным российским оператором со стороны финансовых организаций других стран (кроме США) могут считаться помощью России в уклонении от санкций. Кроме того, в связи с переездом российских граждан в страны Центральной Азии в банки переводились значительные суммы в иностранной валюте, а также вырос спрос на международные платежные карты, что увеличило доходы и прибыль банков.

Источники: (EBRD, 2022[45]) (EIU, 2022[73]) (EIU, 2022[74]) (Eurasianet, 2022[75]) (Eurasianet, 2022[76]) (IMF, 2022[77]) (Interfax, 2022[78]).

Приток высококвалифицированных работников может способствовать росту качества человеческого капитала на определенных рынках труда в регионе

Отличительными чертами экономики стран Центральной Азии, и прежде всего Кыргызстана и Таджикистана, остаются стабильно высокие уровни неформальной экономики и трудовой миграции (как правило, в Россию и Казахстан). Главным образом, это обусловлено нехваткой достойных рабочих мест и нагрузкой на местный рынок труда, возникшей вследствие быстрого роста трудовых ресурсов. К примеру, в Узбекистане, согласно прогнозам, в ближайшие десять лет на рынке труда ежегодно будет появляться почти полмиллиона новых участников (ADB, 2020[79]). Поэтому трудовая миграция, включая как сезонную, так и длительную, помогает странам, испытывающим затруднения с созданием достаточного количества собственных рабочих мест, снизить безработицу и уменьшить нагрузку на государственные службы. В 2021 году из Таджикистана, Кыргызстана и Узбекистана в Россию въехало примерно 7,8 млн работников (Hashimova, 2022[80]). Значительное количество центральноазиатских трудовых мигрантов в России занято на низкоквалифицированных работах, в том числе в строительстве, службах доставки и такси, что ставит их под удар в случае экономического спада (OECD, 2021[4]). После ухода из России многих западных компаний и снижения активности в ряде отраслей российской экономики в первом квартале текущего года Таджикистан сообщил о возвращении порядка 60 000 мигрантов, что в 2,6 раз больше, чем за аналогичный период 2021 года; в Узбекистан, по сообщенным данным, за тот же период вернулось 133 000 мигрантов (Asia-Plus, 2022[81]; IOM, 2022[46]).

Несмотря на эти цифры, дальнейшее развитие ситуации трудно предсказать. На первый взгляд, резкого увеличения количества возвратившихся мигрантов не наблюдалось до третьего квартала 2022 года, а по данным некоторых источников, спрос на рабочую силу из Центральной Азии в России вырос. Кроме того, мигрантов активно призывают вступать в российскую армию, обещая за это ускорить процесс получения гражданства (Carnegie, 2022[82]). Если бы в экономике России наступил продолжительный спад, увеличилась бы численность мигрантов, возвращающихся в Центральную Азию, что ужесточило бы конкуренцию между наименее квалифицированными сегментами рынка труда.

В то же время после начала войны между Россией и Украиной начался приток российских граждан (а также, хотя и в меньшей степени, белорусских и украинских) в страны Центральной Азии, заметно увеличившийся, когда правительство России объявило частичную мобилизацию в сентябре 2022 года. Точные цифры по каждой стране определить трудно, поскольку наибольшее число новоприбывших зарегистрировано в Казахстане, но он же является страной транзита, а в некоторых странах (например Кыргызстане) для российских граждан действует безвизовый режим. Однако по официальным цифрам Росстата чистый отток населения из России за первые три квартала текущего года составил порядка 420 000 человек, что вдвое больше, чем за аналогичный период предыдущего года. Из них примерно 80 000 выехали в Украину, 58 000 в Таджикистан, 49 000 в Армению, 44 000 в Кыргызстан, 41 000 в Казахстан и 39 000 в Узбекистан. При сопоставлении с цифрами, которые предоставлены национальными информационными агентствами стран Центральной Азии, эти показатели кажутся низкими и, возможно, представляют собой своего рода оценочный минимум.

Многие из новоприбывших являются работниками высокой квалификации, главным образом из наукоемких отраслей, в том числе предпринимателями и разработчиками, способствующими развитию интеллектуальных услуг, и прежде всего ИТ-сектора, что не создает дополнительной нагрузки на местные рынки труда. Однако столь массовый приток нарушает социальное равновесие в странах Центральной Азии, способствуя, в частности, значительному росту цен на жилье и продовольственные товары в столицах и создавая угрозу возникновения социальной напряженности (CABAR, 2022[83]). Впрочем, пока национальные правительства стран региона поощряют перемещение фирм и высококвалифицированных работников. Так, в Узбекистане введена трехлетняя виза для специалистов по ИТ, предпринимателей и членов их семей, а также предлагается бесплатное юридическое и административное сопровождение для переноса бизнеса (Government of Uzbekistan, 2022[84]). В Казахстане разрабатываются меры поддержки и преференции для иностранных инвесторов, а указ, недавно подписанный президентом Кыргызстана, разрешает российским предпринимателям становиться резидентами «Парка креативных индустрий» и вести в стране бизнес с упрощенным режимом налогообложения (Government of Kyrgyzstan, 2022[85]). В будущем правительствам стран региона необходимо будет проследить за тем, чтобы отечественные предприятия не оказались в ущемленном положении, и сделать текущие меры по поддержке перемещения российских компаний частью долгосрочных государственных реформ, направленных на улучшение делового климата. К тому же для того чтобы сохранить новые кадры без ущерба для мира и спокойствия в обществе, потребуются меры по предотвращению дальнейшей поляризации рынка труда.

Долгосрочные последствия войны могут увеличить бюджетную несбалансированность в странах Центральной Азии

Правительства стран Центральной Азии еще продолжают урегулировать последствия пандемии

Нестабильный характер восстановления экономики после пандемии не позволил государственным бюджетам стран отвоевать прежние позиции

Пандемия COVID-19 глубоко повлияла на Центральную Азию, поскольку в экономике стран региона все еще ощущались последствия мирового финансового кризиса 2008-2009 годов и ценового шока на сырьевых рынках 2014-2015 годов. По официальным данным, совокупный ВВП региона в 2020 году сократился почти на 2%, уничтожив, как минимум, четырехлетний прогресс в области увеличения доходов на душу населения в некоторых странах и отправив за черту бедности порядка 1,4 млн человек (OECD, 2021[4]). Из-за сохраняющегося влияния пандемии и медленной реализации вакцинационной кампании в 2021 году восстановление экономики шло не так быстро, как ожидалось, даже при том что во втором полугодии экономическая активность возросла под влиянием активного внутреннего потребления. Эту тенденцию поддерживал массивный приток денежных переводов, особенно в Кыргызстан и Таджикистан (IMF, 2022[5]; OECD, 2021[4]).

Рисунок 13. Фискальная динамика в странах Центральной Азии (в % от ВВП)

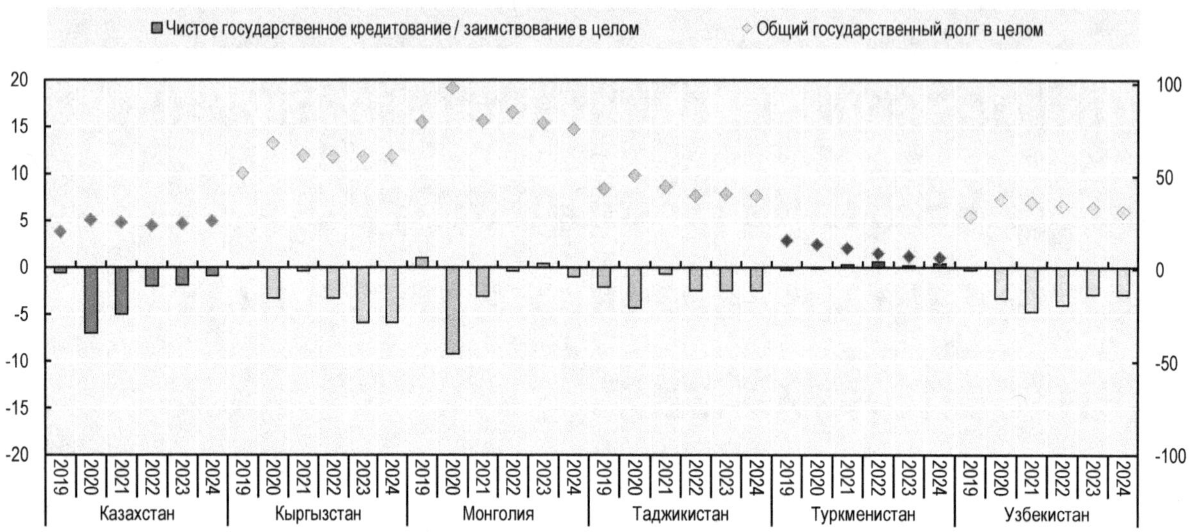

Примечания: данные за 2022-2023 годы – по предварительным оценкам.
Источник: (IMF, 2022[22]).

В целом, после 2020 года бюджетные возможности стран региона заметно сократились, а коэффициенты долга выросли, чему вначале способствовало резкое снижение цен на сырьевые товары и притока денежных переводов в начале 2020 года, а затем расходы бюджета на оказание антикризисной поддержки. В большинстве стран Центральной Азии принимались комплексные меры для противодействия санитарно-эпидемиологическому и экономическому кризису, вызванному пандемией COVID-19; пакеты государственных антикризисных мер варьировались в стоимости от 3,5% ВВП в Таджикистане до 5,7% в Узбекистане, 6,1% в Кыргызстане и 7,3% в Казахстане (OECD, 2021[4]). Это сыграло очень важную роль и помогло региональной экономике пережить кризис, но в то же время создало огромную нагрузку на государственные финансы. В течение 2020 года и в начале 2021 года бюджетные возможности в странах Центральной Азии значительно сократились, внешний долг продолжал расти, сальдо счета текущих операций и бюджета ушли в минус. В дальнейшем государственные меры поддержки постепенно сокращались, но увеличившийся долг и скачок инфляции в 2021 году не способствовали заметному улучшению ситуации в сфере государственных финансов (IMF, 2022[5]).

На данный момент государственные доходы поддерживает сохранившийся уровень потребления

Денежные переводы образуют существенную долю государственных доходов и ВВП в странах Центральной Азии, сопоставимую с долями национального экспорта товаров и услуг (а порой и превышающую их) (см. Рисунок 14). Увеличение притока переводов в первом полугодии 2022 года способствовало росту потребления и государственных доходов в Кыргызстане, Таджикистане и Узбекистане. Иммиграция граждан России, обладающих сравнительно высокой покупательной способностью, и фирм, ранее работавших в России, продолжают поддерживать уровень потребления в странах региона и приносить им дополнительные налоговые доходы (EUAA, 2022[86]).

Рисунок 14. Динамика денежных переводов и платежного баланса в странах Центральной Азии

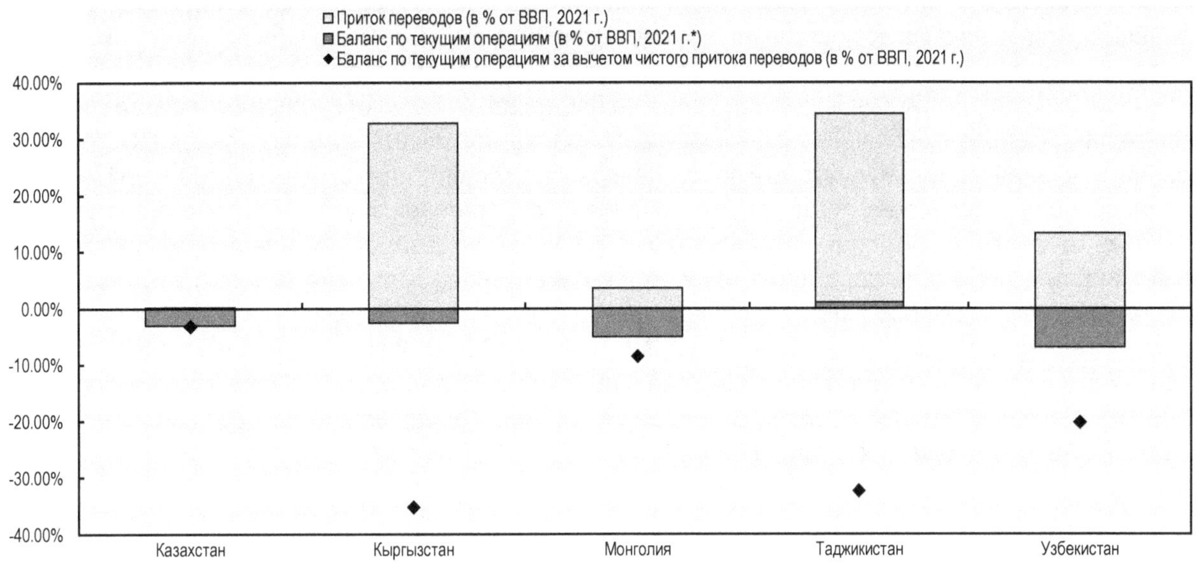

Примечание: *данные за 2021 год – по предварительным оценкам. Данные по Туркменистану отсутствуют.
Источник: (KNOMAD, 2022[87]; World Bank, 2022[44]).

Ведущую роль, вероятно, играют косвенные налоги на потребление, в том числе налог на добавленную стоимость (НДС), и – уже в более долгосрочной перспективе – налоги на прибыль организаций и даже на доходы физических лиц, если некоторые из новых мигрантов оседают в принимающей стране. В ближайшее время первоочередной поддержкой государственному бюджету станут доходы от НДС, на который приходится в среднем 33,6% бюджетных налоговых поступлений в регионе (OECD, 2021[4]).

В долгосрочной перспективе динамика финансовых рынков может отрицательно повлиять на устойчивость государственных финансов

Пандемия уже показала, что способности государств Центральной Азии нести расходы, профинансированные за счет заемных средств, все еще ограничены в силу относительно высокой стоимости займов и малой доступности финансовых рынков. Только Казахстан, с 1996 года выпускающий облигации государственного займа и корпоративные облигации, и Узбекистан, который в 2019 году вышел на международный рынок долговых инструментов, по-видимому, находятся в сравнительно благоприятном положении в отношении стоимости внешних займов. После начала войны в Украине и до августа 2022 года спреды по государственным облигациям в Центральной Азии выросли в 2-3 раза больше, чем в других развивающихся странах, что, вероятно, отражает обеспокоенность инвесторов тесными политическими, экономическими и финансовыми связями стран Центральной Азии с Россией. К примеру, до мая 2022 года казалось, что финансовые рынки больше тревожат долгосрочные перспективы устойчивости Казахстана, поскольку доходность десятилетних облигаций росла сильнее, чем у двухлетних. С 24 февраля до конца мая доходы по этим облигациям выросли на 184 и 114 базисных пунктов (б.п.) соответственно. После мая доходность в обоих случаях продолжила расти, однако вперед вырвалось уже сравнительное увеличение по двухлетним. За период с начала мая по конец августа доход по двухлетним облигациям увеличился на 246 б.п., тогда как по десятилетним – лишь на 35 б.п. (World Government Bonds, 2022[88]; Investing.com, 2022[89]). Такой разворот тренда может удивить, поскольку финансовые условия для экспортеров нефти в мире ухудшились сравнительно меньше в силу роста цен на нефть и газ, однако он может выражать увеличение рисковости инвестиций в страны Центральной Азии[3].

Все это происходит на фоне последствий пандемии, которая вызвала в 2020 году рост долга – тенденцию, лишь начавшую постепенно изменяться в 2021 году (за исключением Монголии), в силу сохраняющихся расходов на государственные антикризисные меры и ужесточения мировых финансовых условий, оказывающих давление на национальную валюту и спреды государственных облигаций. Текущее ужесточение денежно-кредитной политики США и других членов ОЭСР может привести к значительному ухудшению финансовых условий для стран Центральной Азии в среднесрочной перспективе, тогда как ужесточение их собственной внутренней денежно-кредитной политики в связи с инфляцией увеличивает расходы по займам и уменьшает бюджетные возможности в период, когда долг переносится на следующие годы. Это может стать серьезным испытанием платежеспособности, особенно для Кыргызстана и Таджикистана, где возможности государственного бюджета уже ограничены (IMF, 2022[22]; OECD, 2021[4]). По данным МВФ, в обеих странах существует, соответственно, средний и высокий риск долгового кризиса, главным образом вследствие их зависимости от экспорта (особенно сырьевого), доходы от которого определяют их возможность обслуживать государственный долг (IMF, 2020[90]; IMF, 2020[91]; IMF, 2021[92]; IMF, 2022[93]).

[3] Двухлетние облигации по доходности обошли десятилетние с начала августа, что может говорить о боязни экономического спада.

Рисунок 15. Долговая ситуация в странах Центральной Азии

Среди всех стран Центральной Азии наиболее высок риск долгового кризиса в Таджикистане, о чем говорит наиболее высокий показатель отношения долга к экспортным доходам (ОДЭ в % ВВП, годовой прирост); за ним следует Кыргызстан.

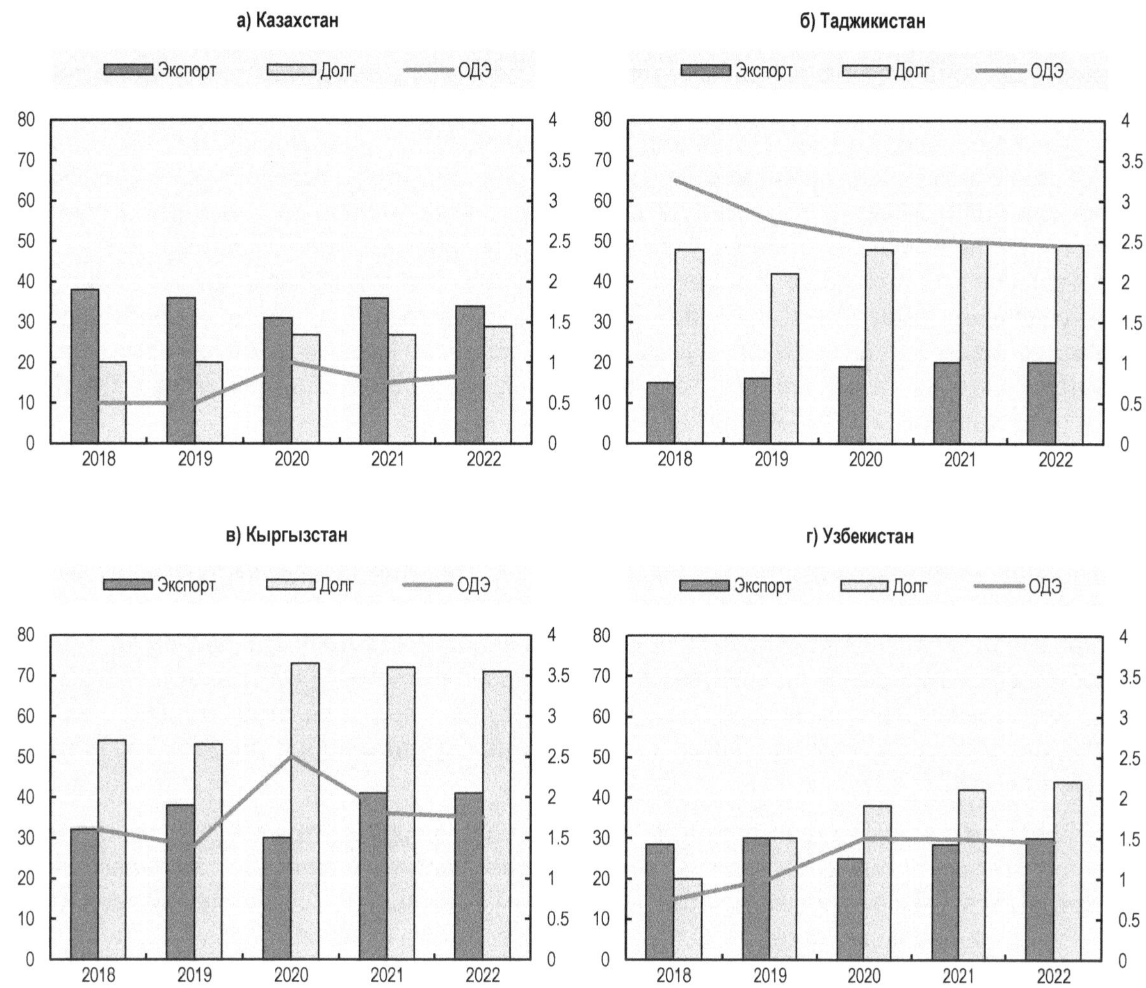

Примечания. 1) «Экспорт» означает совокупный объем экспорта товаров и услуг, выраженный в % от ВВП исходя из номинального ВВП за данный год. 2) «Государственный долг» означает все государственные или гарантированные государством долговые обязательства, как внутренние, так и внешние, и выражается в % от ВВП. 3) Отношение долга к экспорту (ОДЭ) – стандартный показатель устойчивости долговой ситуации (годового прироста), выраженный в виде простого соотношения экспортных доходов и имеющейся задолженности; чем меньше число, тем быстрее можно погасить имеющуюся задолженность за счет экспортных доходов. 4) Оценка угрозы долгового кризиса выводится из анализа долговой ситуации, проведенного МВФ в последних отчетах по Кыргызстану, Таджикистану и Узбекистану.
Источник: (IMF, 2022[22]).

В долгосрочной перспективе ослабление экономических связей Центральной Азии с Россией может ускорить рост экономического присутствия Китая в регионе

Возможные преимущества пересмотра китайской стратегии торговли в регионе

В последние годы Китай стал для стран Центральной Азии одним из ведущих торговых партнеров (см. Рисунок 16), а также важным источником инвестиций и кредита. У Китая положительное сальдо внешнеторгового баланса со всеми странами Центральной Азии, кроме Туркменистана, который главным образом экспортирует в Китай минеральные и энергетические ресурсы, но при этом мало что импортирует (IMF, 2022[22]). Возможно дальнейшее развитие экспортной динамики, особенно в области товаров, не связанных с энергетикой, поскольку основу центральноазиатского экспорта в Китай составляют энергетические и минеральные ресурсы, при этом Казахстан экспортирует в Китай, в основном, сырую нефть, нефтяной газ, рафинированную медь, ферросплавы и радиоактивные вещества, а Монголия – уголь. С Узбекистаном, Кыргызстаном и Таджикистаном наблюдается примерно та же картина, только наибольшую долю в объемах экспорта в Китай составляют металлы (UNCTAD STAT, 2022[1]).

За последние десять лет Китай укрепил свои политические и финансовые позиции в Центральной Азии, что не в последнюю очередь связано с инициативой «Один пояс – один путь». Инвестиции последних лет не ограничивались инфраструктурой энергоснабжения; в попытке обеспечить продовольственную безопасность велись переговоры об открытии китайского потребительского рынка для экспорта продовольствия из Центральной Азии. Если бы это действительно произошло, перед странами Центральной Азии открылись бы новые деловые возможности, причем как раз в то время, когда российский рынок становится все более проблематичным. На совместном саммите «Китай - Центральная Азия» в январе 2022 года прозвучали прогнозы относительно удвоения объема торгового оборота между странами к концу текущего десятилетия и увеличения китайских инвестиций в регион.

Текущие перебои в грузовых и транспортных потоках из Китая через Центральную Азию, особенно по северному маршруту, идущему через Россию в Европу, могут заставить Китай пересмотреть свою торговую стратегию в регионе, что позволит странам Центральной Азии играть более видную роль в отношениях с большим соседом. Однако жесткая политика нулевой толерантности к COVID в 2021 году и в первые девять месяцев 2020 года в Китае привела к ужесточению старых и введению новых ограничений на границах, особенно с Казахстаном и Монголией, что может замедлить возможную переориентацию торговли (EBRD, 2022[94]) и вызывает сомнения в готовности Китая видеть в странах региона не просто транзитные коридоры, а партнеров по импорту (Eurasianet, 2021[95]). Если спад в экономике Китая сохранится, среднесрочные перспективы увеличения объемов экспорта из стран Центральной Азии могут оказаться пессимистичными.

Рисунок 16. Развитие торговли между Китаем и Центральной Азией (2016-2020 годы)

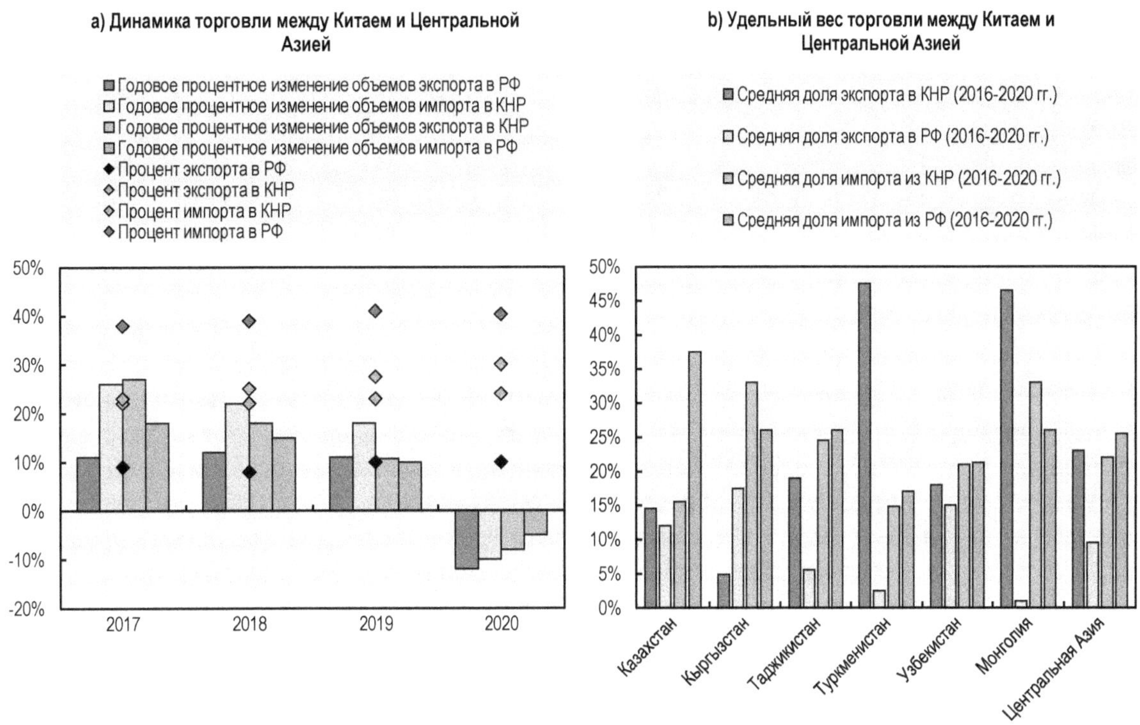

Источник: (UN Comtrade, 2022[2]).

В свете ужесточения мировых финансовых условий долг Центральной Азии перед Китаем может увеличиться

Устойчивость долговой ситуации в странах Центральной Азии необходимо рассматривать не только сквозь призму уровней задолженности, но прежде всего как проблему распоряжения государственными доходами, долларизации и зависимости от узкого круга кредиторов (OECD, 2021[4]). Действительно, высокий уровень долларового долга в ряде стран ставит их в зависимость от колебаний обменного курса и ужесточения мировых финансовых условий, связанного, в частности, с нормализацией денежно-кредитной политики США (IMF, 2022[5]). По всей видимости, эта проблема особенно актуальна для Таджикистана и Узбекистана, чей долг является долларовым практически полностью (на 100 и 97 % соответственно) (Reuters, 2022[96]; OECD, 2021[4]). В случае дальнейшего ухудшения мировых условий финансирования страны Центральной Азии могут обратиться за финансовой помощью к Китаю, поскольку другие инвесторы могут утратить к ним интерес. Однако задолженности региона перед Китаем и так уже велики, а пандемия наглядно продемонстрировала связанные с этим проблемы. Внешний долг Кыргызстана, Монголии и Таджикистана Китаю за последние десять лет значительно увеличился, что объясняется крупным финансированием инфраструктурных проектов в рамках инициативы «Один пояс – один путь» (Center for Global Development, 2018[97]). Текущие суммы и условия долга перед Китаем (как официальных двусторонних займов, так и альтернативных, проведенных через государственные предприятия) не известны наверняка, но недавние исследования позволяют заключить, что в среднем за период с 2000 по 2017 годы он мог составлять почти 30% от ВВП для Кыргызстана и Таджикистана, 25% для Туркменистана, почти 20% для Казахстана и Монголии и примерно 10% для Узбекистана. В официальных данных, предоставленных Кыргызстаном, даже фигурирует долг в размере до 42% ВВП за 2022 год (Standish, 2022[98]).

Таблица 3. Долг стран Центральной Азии перед Китаем

	Скрытый долг перед Китаем в % от ВВП (2000-2017 гг.)	Государственный долг перед Китаем в % от ВВП (2000-2017 гг.)	Совокупный долг перед Китаем в % от ВВП (2000-2017 гг.)	Отношение долга к ВВП (2021 г.)
Казахстан	16	2	18	25,9
Кыргызстан	1	30	31	61
Монголия	4	14	18	94,7
Таджикистан	3	24	27	46,5
Туркменистан	23	2	25	10,6
Узбекистан	9	2	11	36,8

Источник: (AidData, 2021[99]; IMF, 2022[22]).

Пандемия продемонстрировала неоднозначное отношение Китая к странам Центральной Азии, равно как затруднения, испытываемые некоторыми национальными правительствами с обслуживанием долга. В 2020 и 2021 годах Таджикистан и Кыргызстан оказались под защитой инициативы «Группы двадцати» по приостановке обслуживания долга (DSSI), цель которой заключалась в том, чтобы позволить странам с низким уровнем доходов вкладывать средства в социальную поддержку в период коронавирусного кризиса; однако условия их обязательств перед Китаем были, в лучшем случае, лишь частично смягчены, поскольку Китай не откликнулся на просьбы о списании долгов. Информации о списании и приостановке обслуживания долгов перед Китаем по сей день очень мало, но, по всей видимости, в 2020 году Таджикистану в рамках DSSI удалось избавиться от 40 млн долларов долга, хотя в 2021 году последовал отказ в дальнейшем списании долгов, а обращение Кыргызстана, судя по всему, не увенчалось успехом (China-Africa Research Initiative, 2022[100]). Основная проблема, по-видимому, заключается в структуре центральноазиатских задолженностей перед Китаем, потому что здесь фигурируют немалые суммы, полученные по негосударственным каналам, и результатом стало формирование внебюджетного долга Китаю (AidData, 2021[99]). Как следствие, даже будучи участником инициативы по приостановке обслуживания долга Китай действовал в соответствии с ее условиями лишь применительно к тем задолженностям, которые относятся к двум официальным кредиторам по двусторонним договорам («Эксимбанку» и Китайскому агентству международного сотрудничества в области развития); других источников финансирования, и прежде всего связанных с инициативой «Один пояс – один путь», условия о списании долгов не коснулись. На основании имеющейся информации можно предположить, что зависимость региона от краткосрочных, дорогостоящих, порой обеспеченных природными ресурсами кредитов усилилась, и это увеличивает риски неплатежеспособности и долгового кризиса, отрицательно влияя как на способность обслуживать долги в будущем, так и на доступность льготного финансирования (OECD, 2020[101]; Natural Resource Governance Institute, 2020[102]; IMF, 2019[103]; OECD, 2021[4]; AidData, 2021[99]).

Меры государственной политики в странах Центральной Азии

По состоянию на октябрь 2022 года в странах Центральной Азии главным образом принимались меры денежно-кредитной политики, направленные на противодействие инфляции и обесценению национальной валюты, а также меры по обеспечению продовольственной безопасности. В Туркменистане было принято меньше всего мер, хотя можно предположить, что из всех стран региона его происходящее затронуло менее всего. При этом следует отметить, что все страны региона выказали заинтересованность в развитии новых торговых путей, обходящих Россию с запада (по Транскаспийскому транспортному маршруту), востока (через Китай) и юга (через Афганистан, Пакистан и Индию).

Денежно-кредитная политика стран Центральной Азии оказалась действенным средством стабилизации обменных курсов, однако проблема высокой инфляции пока сохраняется

На данный момент наиболее негативным последствием войны для стран Центральной Азии является инфляция. В первом полугодии 2022 года центральные банки ускорили процесс ужесточения денежно-кредитной политики, начатый в 2021 году с целью стабилизации обменных курсов и сдерживания роста цен. Начиная с февраля все национальные банки стран региона, исключая Туркменистан, постепенно повышали ключевые ставки (см. Рисунок 17). В Узбекистане ставка дважды понижалась (в июне и в июле) до уровня, все еще слегка превышающего довоенный. Таджикистан в начале ноября тоже понизил ключевую ставку, опустив ее ниже довоенного уровня. Импортируемая инфляция во многом ответственна за динамику цен, поэтому ужесточение денежно-кредитной политики пока не повлияло на инфляцию, зато ухудшило финансовые условия, что в долгосрочной перспективе может оказать отрицательное влияние, особенно на доступность финансирования для МСП и расходы по погашению задолженностей (EBRD, 2022[45]).

Рисунок 17. Динамика ключевых ставок в странах Центральной Азии (2022 год)

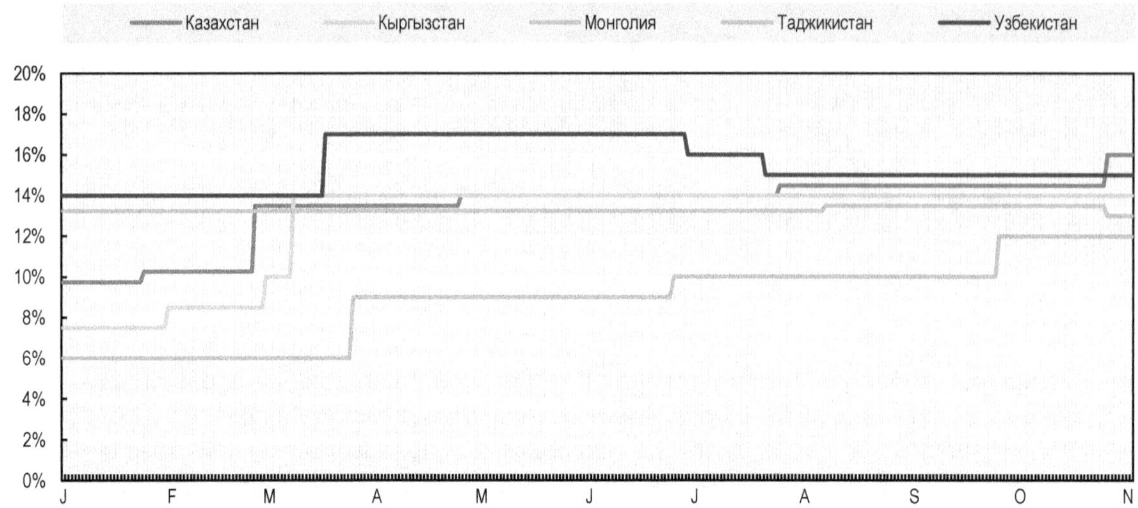

Источник: Национальный банк Кыргызской Республики, Национальный банк Республики Казахстан, Центральный банк Республики Узбекистан, Центральный банк Монголии, Национальный банк Таджикистана, 2022 год.

В первом квартале текущего года, когда в странах Центральной Азии происходили значительные колебания обменных курсов, некоторые центральные банки осуществили вмешательства с целью стабилизации национальной валюты. Так, Национальный банк Республики Казахстан в марте продал почти 1 млрд долларов США, а Национальный банк Кыргызской Республики ввел временный запрет на вывод долларовой наличности из страны для финансовых организаций (Reuters, 2022[104]). И напротив, Национальный банк Таджикистана не вмешивался, чтобы противодействовать значительному обесценению сомони в марте, а Центральный банк Туркменистана оставил установленный обменный курс без изменений.

Непредвиденные доходы помогли поддержать население и бизнес

Превысивший ожидания приток денежных переводов, а также иммигранты из России, обладающие сравнительно высокой покупательной способностью, поддержали уровень потребления в странах региона, особенно в сфере услуг. Рост заработной платы государственных служащих в 2022 году по решению правительства Кыргызстана тоже помог поддержать потребление в стране (Mir 24, 2022[105]). Кроме того, экспорт энергетических и минеральных ресурсов принес больше доходов, чем ожидалось, и это дало национальным правительствам некоторые средства на поддержку бизнеса в отраслях, пострадавших от нарушений цепочек снабжения и роста затрат, и защиту населения от роста цен на продовольствие и электроэнергию. Однако ограниченность возможностей бюджета может сохраниться надолго, на что намекают весенние объявления таджикского и узбекского правительств о приостановке расходования государственных средств на неприоритетную инфраструктуру и оборудование (Asia Plus, 2022[106]; Lex-UZ, 2022[107]).

Как правило, правительствами стран региона принимались меры в сельскохозяйственном секторе для защиты продовольственных и энергетических поставок, обеспечения стабильности цен и увеличения производства сельскохозяйственной продукции. К примеру, правительство Казахстана приняло новый план продовольственной безопасности, направленный на увеличение и диверсификацию сельскохозяйственного производства, наложило временные ограничения на вывоз зерна и муки в соседние страны Центральной Азии и ввело требования к продажам на внутреннем рынке (Kazinform, 2022[108]). Правительство Кыргызстана дополнительно выделило

Министерству чрезвычайных ситуаций 85 млн долларов на закупку жизненно важных продовольственных и энергетических товаров (24 KG, 2022[109]). Помимо этого, органы власти Узбекистана, Кыргызстана и Таджикистана объявили о введении или продлении действия ряда временных налоговых льгот, включая освобождение от НДС, снижение транспортных тарифов, таможенные, налоговые и акцизные каникулы, для импортеров продовольствия. Продавцы были предупреждены об ответственности перед законом за необоснованное повышение цен. Государственные органы Туркменистана дали сельхозпроизводителям распоряжение сажать и производить определенные виды продовольствия в бо́льших количествах, чтобы увеличить сельскохозяйственный экспорт в Россию (Ozodi, 2022[110]). Также правительства стран региона анонсировали меры по оказанию дополнительной финансовой поддержки малым и средним предприятиям (МСП) и снижению административной нагрузки. В Казахстане, Узбекистане и Кыргызстане было объявлено о расширении дополнительного финансирования в форме субсидий или гарантирования кредитов для МСП, а Таджикистан ввел мораторий на проверки бизнеса до 2023 года и заявил о своем намерении пересмотреть более 420 нормативных актов (Asia Plus, 2022[111]).

Страны Центральной Азии стремятся к диверсификации торговых путей

Правительства стран Центральной Азии продолжают изучать возможности использования новых торговых маршрутов взамен де-факто закрытого северного пути через Россию. В результате санкций против России Центральную Азию ожидали значительные нарушения в цепочках поставок: вскоре будут опубликованы проведенные ОЭСР исследования делового климата в Казахстане и Узбекистане, согласно которым подавляющее большинство респондентов (97 и 85 % соответственно) сообщили о проблемах с логистикой, возникших вследствие нарушения цепочек снабжения.

Альтернативой мог бы стать международный Транскаспийский транспортный маршрут, но его пропускная способность во много раз меньше, чем у северного пути через Россию. Транскаспийский транспортный маршрут обладает значительным, но пока не реализованным потенциалом, и в любом случае с ним будет связано увеличение сроков перевозки и расходов по сравнению с северным путем (Eurasianet, 2022[112]) (ADB, 2021[113]). Для того чтобы это изменить, потребуются крупные инвестиции в устранение недостатков инфраструктуры, и не только на территории Центральной Азии и Закавказья, но и в Турции и на Балканах. И даже тогда маршрут будет длиннее и увеличит число смен видов транспорта, что подразумевает больше погрузочно-разгрузочных работ, а также число пересекаемых границ, что означает больше пограничных процедур, документов и тарифов.

Также уделяется внимание прокладке южных маршрутов в Индию, Пакистан или даже (по мере ослабления санкций) Иран и Афганистан, а также восточным направлениям на Китай. На саммите Шанхайской организации сотрудничества (ШОС) 14 сентября было подписано обсуждавшееся уже двадцать лет соглашение по проекту железной дороги «Китай-Кыргызстан-Узбекистан», которая должна стать альтернативой транзитному пути в Европу через Россию: после завершения строительства новая магистраль может стать частью более короткого пути из Китая в Европу через Казахстан, Туркменистан, Иран и Турцию. В тех же целях регион развивает торговые связи с Пакистаном: Узбекистан заключил с южным соседом преференциальное торговое соглашение, Казахстан и Кыргызстан планируют повторить этот шаг (The News, 2022[114]). Несмотря на санкции, наложенные на южного соседа, Узбекистан обдумывает строительство Трансафганской железной дороги, которая связала бы Ташкент с пакистанскими портами Карачи, Гвадар и Касим, пройдя через Мазари-Шариф и Кабул в Афганистане (The Diplomat, 2022[115]).

В силу этого первоочередной задачей для стран-участниц становится быстрая и эффективная оптимизация таможенных и иных пограничных процедур и сокращение расходов, связанных с пересечением государственных границ по маршруту, до минимума. Прокладка новых путей вне зависимости от направления потребует больше внимания к так называемой нематериальной инфраструктуре торговли. Совершенствование таможенных и пограничных процедур, унификация документов и гармонизация регулирования будут не менее важны, чем устранение недостатков и развитие материальной инфраструктуры на новых маршрутах. Этой весной Казахстан, Азербайджан и Грузия предприняли ряд важных шагов для упрощения работы Транскаспийского маршрута, но сделать предстоит еще очень много. Стимулированию внутренней и внешней торговли в странах Центральной Азии должен способствовать согласованный общерегиональный подход к реформам, направленным на упрощение процедур торговли. Национальные правительства могут не ограничиваться упрощением и провести либерализацию торговли как в регионе, так и на протяжении всего маршрута. Общерегиональная экономическая зона с согласованной торговой политикой, едиными методами и стандартами, техническими и юридическими требованиями открыла бы перед странами Центральной Азии новые перспективы и заодно укрепила бы их позиции в отношениях с Европой и Китаем. Но движение в этом направлении потребует как укрепления механизмов межправительственного диалога, так и более развитого и продуктивного диалога между государством и обществом на внутреннем и межгосударственном уровнях.

Таблица 4. Обзор основных мер, анонсированных странами Центральной Азии, по состоянию на октябрь 2022 года

	Денежно-кредитная политика	Поддержка бизнеса	Поддержка населения	Другое
КАЗАХСТАН	Повышение ключевой ставки с 11,25% до 13,5% в феврале, до 14% в апреле и до 14,5% в июле Вмешательства Национального банка на сумму 600 млн долл. США в целях стабилизации курса тенге	Сокращение административных проверок и процедур, расширение программы льготного лизинга сельскохозяйственного оборудования, субсидии на удобрения, пестициды и страховые взносы в сельскохозяйственном секторе	Временные ограничения на экспорт продовольствия Выплата компенсации (премии) в 10% по вкладам в национальной валюте, находившимся на банковских счетах на 23 февраля Введение потолков цен на основные продовольственные и энергетические продукты	Переговоры с третьими странами (например, с Азербайджаном) относительно альтернатив российским портам для поставок нефти
КЫРГЫЗСТАН	Повышение ключевой ставки с 8,5% до 10% в феврале, до 14% в марте и до 16% в августе	Налоговые льготы и скидки для импортеров продовольствия, увеличение льготного кредитования для предприятий сельскохозяйственного и энергетического секторов Начало реализации программы для «цифровых кочевников», позволяющей иностранным гражданам въезжать в страну, пребывать в ней, не регистрируясь в качестве резидента, и получать разрешения на работу	Временные ограничения на экспорт продовольствия Повышение заработной платы государственным служащим Выделение дополнительных бюджетных средств Министерству чрезвычайных ситуаций с целью увеличения запасов продовольствия Бесплатная раздача муки и скидка до 50% по счетам за электроэнергию для малоимущих семей	Запрет на перевод долларовой наличности за границу во избежание оттока долларов США из страны Проект железной дороги «Китай-Кыргызстан-Узбекистан» на 2023 год

	Денежно-кредитная политика	Поддержка бизнеса	Поддержка населения	Другое
МОНГОЛИЯ	Повышение ключевой ставки с 6,5% до 9% в марте, до 10% в июне и до 12% в сентябре	Сокращение расходов государственного бюджета почти на 100 млн долл. США в весенней поправке Государственное субсидирование кредитов сельскому хозяйству 80%-я скидка на семена овощных и тепличных культур, закупленные государством	Введение закона о жестких мерах экономии для укрепления продовольственной безопасности и борьбы с инфляцией Снижение налогов на отдельные продовольственные товары (в том числе сахар и растительное масло) 50%-е снижение социальных страховых взносов для малоимущих работников до конца 2022 года	Возобновление торгового сотрудничества с Китаем (открытие ранее закрытых пунктов пропуска, введение новых систем таможенного оформления, укрепление сотрудничества пограничных служб)
ТАДЖИКИСТАН	Ключевая ставка оставалась без изменений	Мораторий на проверки бизнеса до января 2023 года	Увеличение расходов на социальные нужды при содействии партнеров в области развития	Приостановка расходования государственных средств на неприоритетную инфраструктуру и закупку оборудования
ТУРКМЕНИСТАН	Без изменений	Нет данных	Нет данных	Сельхозпроизводители получили распоряжение наращивать объемы производства сельскохозяйственной продукции, чтобы увеличить экспорт в Россию
УЗБЕКИСТАН	Повышение ключевой ставки с 14% до 17% в марте, снижение до 16% в июне и до 15% в июле	Дополнительное льготное финансирование для малого бизнеса Рабочие и визовые программы для привлечения зарубежных специалистов по ИТ Поддержка сельского хозяйства (государственные закупки зерна и рассады для снабжения сельхозпроизводителей, выделение дополнительных земель под сельскохозяйственные нужды, налоговые льготы на импорт продовольствия) Программа выдачи ИТ-виз для инвесторов и специалистов	Расширение программ поддержки трудовых мигрантов и членов их семей	Приостановка расходования государственных средств на неприоритетную инфраструктуру и закупку оборудования Привлечение иностранных консультантов для пересмотра порядка совершения транзакций с подсанкционными российскими банками Проект железной дороги «Китай-Кыргызстан-Узбекистан» на 2023 год

Источник: ОЭСР (2022 год).

Возможные меры государственной политики для стран Центральной Азии

Благоприятная налогово-бюджетная политика должна отчасти смягчить отрицательное влияние на экономику, но необходимо проявить осторожность, чтобы не допустить роста задолженности и инфляции

Временные меры адресной помощи населению, чтобы смягчить влияние роста цен

Высокие товарные цены и недостаток продовольствия в перспективе представляют собой существенные риски, в частности, связанные с угрозой урожаю 2023 года в свете роста цен на удобрения (IMF, 2022[116]). Поэтому правительствам стран региона рекомендуется сосредоточить усилия на оказании адресной поддержки наиболее пострадавшим категориям населения. Страны с низким уровнем доходов и малоимущие семьи в процентном соотношении больше тратят на электроэнергию и продовольствие, а потому социально незащищенным гражданам необходима временная адресная помощь, представляемая с учетом материального положения. Объем такой помощи в разных странах региона будет зависеть от возможностей бюджета и государственных служб, в силу чего экспортеры энергоресурсов, такие как Казахстан, Туркменистан и Узбекистан, находятся в более выгодном положении, нежели Кыргызстан и Таджикистан. Последним двум государствам, равно как и Монголии, будет нелегко защитить самые малообеспеченные слои населения, не ухудшив при этом собственную долговую ситуацию. Реформы, начатые в период пандемии COVID-19 с целью расширения сферы действия систем социального обеспечения, уже заложили основу, которая, возможно, поможет предотвратить резкий рост бедности (OECD, 2021[4]).

Меры адресной поддержки уязвимых групп могут включать в себя снижение налогов или денежные выплаты. Кроме того, следует учитывать, что происходящее может по-разному затрагивать население. Домохозяйства в городских и сельских районах, являющиеся чистыми потребителями продовольствия, несут убытки, поскольку при сохранении прежнего уровня потребления их расходы увеличиваются, но сельские домохозяйства – производители сельхозпродукции могут оказаться в выигрыше, хотя это зависит от степени, в которой рост цен на продовольствие превосходит или не превосходит рост расходов на затрачиваемые ресурсы, включая топливо и удобрения (FAO, 2008[117]). Национальные правительства также рассматривали возможность принятия мер на уровне рынка, таких как отмена или снижение тарифов на импорт и ограничения на продовольственные продукты. Профинансировать такие меры можно за счет налогов на непредвиденную прибыль энергетических компаний, особенно в странах, экспортирующих энергоресурсы, за счет изменения приоритетов, предусмотренных планами расходов (OECD, 2022[23]), и (или) за счет создания систем смешанного финансирования путем объединения государственного финансирования со взносами (World Bank, 2022[118]).

Временные меры адресной помощи бизнесу, которые позволят справиться с нарушением цепочек снабжения, недостатком ликвидности и увеличением расходов на погашение задолженностей

Меры на уровне предприятий, направленные на диверсификацию торговых связей, помогут частично компенсировать нарушение цепочек снабжения. Действительно, предприятия Центральной Азии переживают серьезные трудности в сфере снабжения и экспорта, которые связаны с отсутствием альтернативных маршрутов, обходящих территорию России, резким ростом транспортных расходов, задержкой поставок и все более проблематичным доступом к кредитному финансированию (World Bank, 2022[54]; Kurbanov, 2022[119]). Меры поддержки могут включать в себя снижение тарифов и таможенных пошлин, оптимизацию таможенных процедур, временные налоговые льготы, отмену лицензий на импорт и льготное кредитование для предприятий в жизненно важных отраслях (OECD, 2020[120]). Кроме того, национальные правительства могли бы обеспечить бизнесу стимулы к дополнительному увеличению инвентарных запасов, поскольку предупредительный подход к управлению запасами может ограничить риск нехватки сырья и материалов (Lafrogne-Joussier, 2022[121]).

В более отдаленной перспективе центральным банкам и государственным органам необходимо будет тщательно скорректировать меры денежно-кредитной и налогово-бюджетной политики, чтобы сохранить хрупкое равновесие между сдерживанием инфляции и поддержкой экономического роста. Текущее ужесточение денежно-кредитной политики в странах региона, исключая Узбекистан, влечет за собой риск возникновения кризиса ликвидности в бизнесе, особенно в секторе МСП, и отрицательно влияет на рост. Национальные правительства должны принять меры к сохранению доступности финансирования для малого бизнеса и не допустить чрезмерного роста расходов на погашение задолженностей. Основой для этого могут послужить меры, принимавшиеся во время пандемии, например, гарантированные государством ссуды, инвестиции в определенные отрасли, временное снижение налогов, а также временная приостановка кредитных и ипотечных выплат. Важную роль при этом играет эффективное распространение информации об актуальных мерах поддержки, которое должно побудить бизнес к сохранению инвестиций, а банки – к дальнейшему финансированию бизнеса.

Следует воздержаться от протекционистской политики, чтобы торговля и сельское хозяйство продолжили развиваться

Несмотря на экспортные ограничения, введенные двумя крупными соседними странами, Россисй и Китаем, странам Центральной Азии лучше воздержаться от аналогичных протекционистских мер, способных усугубить существующие трудности (IMF, 2022[122]; OECD, 2022[23]). Ограничений на экспорт следует избегать потому, что они усиливают рост товарных цен и дают мультипликативный эффект, когда увеличение мировых цен побуждает правительство ответить наложением новых экспортных ограничений, а они вновь толкают цены вверх (Espitia, 2022[123]). Попытки «экспортировать» ценовой прессинг посредством экспортных ограничений, повторенные сразу несколькими странами, как правило, лишь ухудшают ситуацию. Судя по опыту кризиса 2008-2009 годов и коронавирусной пандемии, свободная и беспрепятственная торговля скорее укрепляет продовольственную безопасность, нежели наоборот. Тарифы на импорт тоже влияют на цены на внутреннем рынке, так как повышают цены на импортные товары и ведут к изменению цен на товары отечественного производства, конкурирующие с импортными. Более того, тарифы на импорт промежуточной продукции увеличивают производственные расходы и создают каскадный эффект в цепочках снабжения. В период роста инфляции либерализация торговли может оказать сдерживающее влияние на цены, поскольку сниженные тарифы и цены на импорт могут способствовать снижению потребительской инфляции (Robinson and Thierfelder, 2022[124]).

В долгосрочной перспективе прогнозируемое снижение экономической значимости России потребует от стран Центральной Азии диверсификации торговых и инвестиционных связей

Возможность усилить интеграцию в региональные и глобальные производственно-сбытовые цепочки и системы снабжения

Нарушения мировой торговли, вызванные пандемией, а затем и войной, дают региону удачную возможность стать более видным участником глобальных производственно-сбытовых цепочек (ГПСЦ) и систем снабжения. Путь стран Центральной Азии к более эффективной интеграции в ГПСЦ начинается с усиления региональной экономической интеграции. Региональное сотрудничество дает преимущества в рентабельности и эффективности, а также увеличивает размер рынка для региональной продукции (ADB, 2020[125]; OECD, 2021[4]; OECD, 2020[120]). Два серьезных препятствия региональной интеграции, которые сразу бросаются в глаза, это недостаток качественной инфраструктуры и расхождения в нормативно-правовых стандартах стран Центральной Азии, о чем свидетельствует неравенство в характеристиках стран региона по данным инструмента ОЭСР «Показатели упрощения процедур торговли» (OECD, 2020[120]; OECD and ITF, 2019[67]). В решении проблем с инфраструктурой могут помочь цифровые технологии, в том числе автоматизация таможенных процедур и предварительная обработка данных, упрощающие таможенные операции и торговлю (OECD, 2022[126]). Устранению нормативно-правовых противоречий может способствовать взаимное признание стандартов или внедрение единых международных принципов стандартизации и сертификации (например, сертификации ЕС), что упростит товарооборот, повысит конкурентоспособность и ценность продукции (OECD, 2021[4]).

Кроме того, присоединение к мировым альянсам может способствовать интеграции в глобальные производственно-сбытовые цепочки и диверсификации с возможностью сократить роль ставшего невыгодным торгового партнера. Четыре из шести стран региона (Кыргызстан, Монголия, Таджикистан и Узбекистан) уже имеют преимущественный доступ к рынку ЕС благодаря европейской системе преференций GSP или GSP+. Узбекистан и Туркменистан могут ускорить процесс переговоров о присоединении к ВТО, а Кыргызстан – обеспечить соответствие стандартам ВТО. Такие инициативы могли бы благотворно повлиять на развитие торговли, диверсификацию экспортных рынков и привлечение инвестиций в отрасли, позволяющие продвинуться на новые уровни производственно-сбытовых цепочек.

Общее совершенствование делового климата улучшит региональные перспективы долгосрочного роста и инвестиционную привлекательность

Временные антикризисные меры не должны затмить необходимость в долгосрочных реформах, направленных на устранение неэффективности рыночных механизмов и освоение быстро растущих трудовых ресурсов. По данным последних исследований ОЭСР, оценивавших деловой климат Казахстана и Узбекистана, тремя основными препятствиями ведению бизнеса в обеих странах остаются бюрократизм, коррупция и дефицит квалифицированных кадров. Правительства стран региона должны и далее направлять свои усилия на сокращение роли государства в экономике, для чего следует усиливать конкуренцию (в том числе путем отмены привилегий для государственных предприятий и препятствий выходу на рынок), повышать доступность финансовых услуг, разработать действенные и объективные системы налогообложения и придать регулированию рынка труда необходимую гибкость (IMF, 2022[122]; OECD, 2020[120]). В числе прочего, меры по улучшению делового климата могут способствовать более благоприятным оценкам уровня риска в регионе среди инвесторов.

Создание устойчивой и инклюзивной экономики поможет в реализации плана действий

Возможность ускорить переход региона к экологически сбалансированной экономике

Учитывая опасность климатических изменений для Центральной Азии, обилие возобновляемых источников энергии и возможностей обеспечения энергоэффективности, высокие цены на ископаемые виды топлива дают региону стимул разнообразить структуру своей энергетики. Экспортеры сырья Туркменистан и Казахстан (а в некоторой степени и Узбекистан) могут вложить непредвиденную прибыль в меры по переходу к экологически сбалансированной экономике, а Кыргызстану и Таджикистану рекомендуется рассмотреть возможность инвестиций в наращивание мощностей гидроэлектроэнергетики для сокращения зависимости от импорта углеводородов. Устранение зависимости от ископаемого топлива и достижение поставленных целей в области защиты климата потребует постепенной отмены субсидий на ископаемое топливо и содействия модернизации систем передачи и распределения электроэнергии. Согласно оценкам ОЭСР, во многих странах финансирование, выделяемое на восстановление экономики после пандемии COVID, направлялось в существующую инфраструктуру или на меры, едва ли способные оказать заметное положительное воздействие на экологию. В общем и целом, странам Центральной Азии необходимо разработать долгосрочные стратегии низкоуглеродного развития и учитывать их задачи в других процессах планирования и формирования политики (OECD, 2022[127]).

Использование преимуществ, которые дает приток высококвалифицированного человеческого капитала в регион

Война и последовавшая за ней мобилизация стали причинами появления беспрецедентных миграционных потоков из России в Центральную Азию. Если оставить в стороне необходимость справляться с временной нагрузкой на национальную инфраструктуру, страны Центральной Азии могут извлечь для себя выгоду из притока российских и белорусских мигрантов, постаравшись удержать высококвалифицированных работников (Foreign Policy, 2022[128]). В отличие от более «типичных» волн миграции, русскоязычные мигранты, прибывающие в регион, не сталкиваются с языковым барьером и имеют высокий уровень образования. Принимая во внимание дефицит кадров, который испытывает частный сектор в Центральной Азии, включение этих работников в национальные рынки труда может способствовать повышению общего уровня профессиональных умений и навыков и сокращению разрыва между кадровым спросом и предложением, а также обеспечить правительствам дополнительные доходы от налоговых поступлений. В свою очередь, национальные правительства должны обеспечить условия, которые стимулируют работников к длительному пребыванию в стране. Соответствующие меры могут включать в себя услуги по трудоустройству, тестирование профессиональных знаний и навыков, разработку справочных материалов и ответов на распространенные вопросы для упрощения процесса открытия бизнеса.

Блок 2. Национальные программы по поддержке перемещения бизнеса в страны Центральной Азии

Казахстан, Кыргызстан и Узбекистан оперативно ввели меры по поддержке предпринимателей, чья деловая активность перемещается в регион.

«Астана Хаб» в Казахстане предлагает зарубежным специалистам и компаниям ИТ-сектора регистрацию в технопарке со специальным налоговым режимом, инфраструктурой, визовой поддержкой и другими преимуществами. Стартапам предлагается годичная бесплатная аренда офиса и дотации на развитие бизнеса в размере до 50 тыс. долларов США.

В Кыргызстане введена программа для «цифровых кочевников», которая позволяет иностранным гражданам, отвечающим требованиям программы, въезжать в страну, пребывать в ней, не регистрируясь в качестве резидента, и получать разрешения на работу. Участниками программы могут стать граждане Азербайджана, Армении, Беларуси, Казахстана, Молдовы и России, работающие в сфере цифровых технологий. К октябрю 2022 года уже было подано 600 заявок.

В Узбекистане появилась ИТ-виза для инвесторов, учредителей компаний – резидентов ИТ-парков и специалистов в области ИТ. Эта программа предлагает ряд налоговых льгот, в том числе освобождение от всех видов налогов и таможенных сборов на импорт оборудования для личного пользования. В числе прочих услуг ИТ-парки оказывают содействие в получении медицинской страховки, открытии банковского счета, поиске работы и жилья.

Источник: (The Astana Times, 2022[129]) (Ministry of Economy and Commerce of the Kyrgyz Republic, 2022[130]) (IT Visa, 2022[131])

Список литературы

24 KG (2022), *Ministry for Emergency Situations allocated 8 billion soms for food procurement (МЧС выделили 8 миллиардов сомов на закупку продуктов питания)*, https://24.kg/ekonomika/228438_mchs_vyidelili_8milliardov_somov_nazakupku_produktov_pitaniya/ (accessed on 2 May 2022). [109]

24 KG (2022), *South Korea increases employment quota for Kyrgyz nationals (Южная Корея увеличила квоту для трудоустройства граждан Кыргызстана)*, https://24.kg/obschestvo/229251_yujnaya_koreya_uvelichila_kvotu_dlya_trudoustroystva_grajdan_kyirgyizstana/ (accessed on 28 April 2022). [146]

ADB (2022), *Asian Development Outlook (ADO) 2022 Update: Entrepreneurship in the Digital Age*, https://www.adb.org/sites/default/files/publication/825166/ado2022-update.pdf (accessed on 12 October 2022). [47]

ADB (2021), *Middle Corridor - Policy Development and Trade Potential of the Trans-Caspian International Transport Route*, https://www.adb.org/publications/middle-corridor-policy-development-trade-potential. [113]

ADB (2020), *Five Keys to Expanding Central Asia's Global Value Chains*, https://blogs.adb.org/blog/five-keys-to-expanding-central-asia-global-value-chains (accessed on 17 May 2022). [125]

ADB (2020), *Uzbekistan: Quality Job Creation as a Cornerstone for Sustainable Economic Growth*, https://www.adb.org/publications/uzbekistan-job-creation-economic-growth. [79]

AidData (2021), *Banking on the Belt and Road*, https://docs.aiddata.org/ad4/pdfs/Banking_on_the_Belt_and_Road__Insights_from_a_new_global_dataset_of_13427_Chinese_development_projects.pdf. [99]

Alfa-Bank (2022), *Center Credit Bank buys Alfa-Bank Kazakhstan*, https://alfabank.kz/footer/press/news?post_id=2011 (accessed on 19 May 2022). [139]

Asia Plus (2022), *Tajik government instructed to speed up IMF loan process (авительство Таджикистана поручило ускорить процесс получения кредита МВФ)*, https://asiaplustj.info/ru/news/tajikistan/economic/20220415/pravitelstvo-tadzhikistana-poruchilo-uskorit-protsess-polucheniya-kredita-mvf (accessed on 2 May 2022). [144]

Asia Plus (2022), *This is just a rebuff. Tajik experts criticise government anti-crisis plan (Это просто отписка. Таджикские эксперты раскритиковали антикризисный план правительства)*, https://www.asiaplustj.info/ru/news/tajikistan/economic/20220426/eto-prosto-otpiska-tadzhikskie-eksperti-raskritikovali-antikrizisnii-plan-pravitelstva (accessed on 3 May 2022). [106]

Asia Plus (2022), *Will prices be contained, the poor supported? (Цены сдержат, бедных – поддержат?)*, https://asiaplustj.info/ru/news/tajikistan/economic/20220422/tseni-sderzhat-bednih-podderzhat (accessed on 5 May 2022). [111]

Asian Development Bank (2022), *Asian Development Outlook 2022 Update: Entreprenuership in the Digital Age*, Asian Development Bank, https://www.adb.org/sites/default/files/publication/825166/ado2022-update.pdf. [158]

Asia-Plus (2022), *How many migrants returned from Russia in the first three months of 2022?*. [81]

BBC (2022), *Russia faces brain drain as thousands flee abroad*, https://www.bbc.com/news/world-europe-60697763. [30]

BIS (2022), *Statistics Explorer (database)*, https://stats.bis.org/statx/srs/table/A6.1 (accessed on 6 April 2022). [6]

Bulatov, A. (2017), “Offshore orientation of Russian Federation FDI”, *Transnational Corporations*, https://www.un-ilibrary.org/content/journals/2076099x/24/2/5. [8]

Bureau of National Statistics (2022), *Statistics of prices (database)*, https://stat.gov.kz/official/industry/26/statistic/7 (accessed on 10 May 2022). [57]

CABAR (2022), *The Impact of Partial Military Mobilization in Russia on the Countries of Central Asia*, https://cabar.asia/en/the-impact-of-partial-military-mobilization-in-russia-on-the-countries-of-central-asia?_utl_t=ln. [83]

Carnegie (2022), “Russia’s Mass Exodus Is Forcing Its Neighbors to Get Off the Fence”, *Carnegie*, https://carnegieendowment.org/politika/88095. [82]

Center for Global Development (2018), *Examining the Debt Implications of the Belt and Road Initiative from a Policy Perspective*, https://www.cgdev.org/sites/default/files/examining-debt-implications-belt-and-road-initiative-policy-perspective.pdf. [97]

Central Bank of Ireland (2022), *Changes to the Russia/Ukraine Regulations as of 21 April 2022*, https://www.centralbank.ie/regulation/how-we-regulate/international-financial-sanctions/changes-to-the-russia-ukraine-regulations (accessed on 12 April 2022). [32]

Central Bank of Russia (2022), *Bank of Russia increases the key rate to 20% p.a.*, https://www.cbr.ru/eng/press/pr/?file=28022022_094500Key_eng.htm (accessed on 12 April 2022). [20]

Central Bank of Russia (2022), *Banking Sector Liquidity and Financial Markets*, https://www.cbr.ru/Collection/Collection/File/40956/LB_2022-72-73_e.pdf. [21]

Central Bank of Russia (2022), *Cross-Border Transfers of Individuals (Residents and Nonresidents) (database)*, https://www.cbr.ru/eng/hd_base/tg/ (accessed on 5 April 2022). [12]

China-Africa Research Initiative (2022), *Global Debt Relief Dashboard, Johns Hopkins School of Advanced International Studies*, http://www.sais-cari.org/debt-relief (accessed on 24 May 2022). [100]

De Nederlandsche Bank (2022), *What do the sanctions against the Central Bank of Russia mean?*, https://www.dnb.nl/en/general-news/2022/what-do-the-sanctions-against-the-central-bank-of-russia-mean/ (accessed on 11 April 2022). [31]

EBRD (2022), *European Bank for Reconstruction and Development*, https://www.ebrd.com/news/2022/central-asia-shows-great-resilience-to-geopolitical-turmoil-.html. [154]

EBRD (2022), *In the Shadow of the War: The Economic Fallout from the War on Ukraine, Regional Economic Update March 2022*, https://www.ebrd.com/rep-ukraine-war-310322.pdf. [7]

EBRD (2022), *Regional Economic Prospects May 2022: The Return of Runaway Prices*, https://www.ebrd.com/documents/comms-and-bis/regional-economic-prospects-may-2022.pdf. [94]

EBRD (2022), *Regional Economic Prospects: A cold winter ahead?*. [45]

EBRD (2022), *Regional Economic Update March 2022*, https://www.ebrd.com/rep-ukraine-war-310322.pdf. [150]

Economist Intelligence Unit (2022), "EU agrees eighth sanction package against Russia", *EIU*, https://viewpoint.eiu.com/analysis/article/1712481554/?utm_source=mkt-newsletter&utm_medium=email&utm_campaign=Intelligence-today-12/10/2022&utm_term=read-more&utm_content=anchor-5&mkt_tok=NzUzLVJJUS00MzgAAAGHacDcXX28YNB-Hx7s632nVOHWIpcg5nY9Iqy7T7P0jf54gE (accessed on 12 October 2022). [15]

EIU (2022), *Egypt moves closer to Russia*, https://viewpoint.eiu.com/analysis/article/932479876?utm_source=mkt-newsletter&utm_medium=email&utm_campaign=Intelligence-today-17/10/2022&utm_term=read-more&utm_content=anchor-5&mkt_tok=NzUzLVJJUS00MzgAAAGHg4CMPN0ViVJYS6sZJHeWasrwnlrNmE1dY_R7LpCPqNFyCyYy. [74]

EIU (2022), *EU agrees eigth sanctions package against Russia*, https://viewpoint.eiu.com/analysis/article/1712481554/?utm_source=mkt-newsletter&utm_medium=email&utm_campaign=Intelligence-today-12/10/2022&utm_term=read-more&utm_content=anchor-5&mkt_tok=NzUzLVJJUS00MzgAAAGHacDcXX28YNB-Hx7s632nVOHWIpcg5nY9Iqy7T7P0jf54gE. [27]

EIU (2022), *Kazakhstan commits to complying with sanctions on Russia*, https://viewpoint.eiu.com/analysis/article/202471803. [73]

Energy Monitor (2022), *Can Russia pivot its energy market away from Europe and towards Asia?*, https://www.energymonitor.ai/sectors/russia-pivot-energy-market-europe-asia. [28]

Espitia, E. (2022), *Widespread food insecurity is not inevitable: Avoid escalating food export curbs*, https://voxeu.org/article/widespread-food-insecurity-not-inevitable-avoid-escalating-food-export-curbs (accessed on 11 May 2022). [123]

EUAA (2022), *Russia as a Country of Origin*, https://euaa.europa.eu/sites/default/files/publications/2022-06/2022_06_CIR_Russia_Origin_EN.pdf. [86]

Eurasianet (2022), *Perspectives | Standards, more than infrastructure, hobble Central Asia trade*, https://eurasianet.org/perspectives-standards-more-than-infrastructure-hobble-central-asia-trade (accessed on 3 May 2022). [149]

Eurasianet (2022), *Sanctioned Russian banks seeking way out of Kazakhstan*, https://eurasianet.org/sanctioned-russian-banks-seeking-way-out-of-kazakhstan. [76]

Eurasianet (2022), *Turkey and Central Asia: Ukraine war will strengthen ties*, https://eurasianet.org/perspectives-turkey-and-central-asia-ukraine-war-will-strengthen-ties (accessed on 6 May 2022). [112]

Eurasianet (2022), *Uzbekistan: Sanctions against Russia scotch bank buyout*, https://eurasianet.org/uzbekistan-sanctions-against-russia-scotch-bank-buyout. [75]

Eurasianet (2021), *Kazakh food exports to China plummet*, https://eurasianet.org/kazakh-food-exports-to-china-plummet (accessed on 10 April 2022). [95]

EUR-Lex (2022), *Consolidated text: Council Regulation (EU) No 269/2014 of 17 March 2014 concerning restrictive measures in respect of actions undermining or threatening the territorial integrity, sovereignty and independence of Ukraine*, https://eur-lex.europa.eu/legal-content/EN/TXT/?uri=CELEX:02014R0269-20220315 (accessed on 12 April 2022). [36]

European Commission (2022), *Deposits - FAQ*, https://ec.europa.eu/info/sites/default/files/business_economy_euro/banking_and_finance/documents/faqs-sanctions-russia-deposits_en.pdf (accessed on 8 June 2022). [37]

European Commission (2022), *EU sanctions against Russia explained*, https://www.consilium.europa.eu/en/policies/sanctions/restrictive-measures-against-russia-over-ukraine/sanctions-against-russia-explained/#banking (accessed on 11 April 2022). [13]

European Commission (2022), *Russia's war on Ukraine: EU adopts sixth package of sanctions against Russia*, https://ec.europa.eu/commission/presscorner/detail/en/IP_22_2802 (accessed on 7 June 2022). [135]

European Commission (2022), *Sanctions adopted following Russia's military aggression against Ukraine*, https://ec.europa.eu/info/business-economy-euro/banking-and-finance/international-relations/restrictive-measures-sanctions/sanctions-adopted-following-russias-military-aggression-against-ukraine_en (accessed on 12 April 2022). [33]

European Council (2022), *Timeline - EU restrictive measures against Russia over Ukraine*, https://www.consilium.europa.eu/en/policies/sanctions/restrictive-measures-against-russia-over-ukraine/history-restrictive-measures-against-russia-over-ukraine/ (accessed on 12 October 2022). [16]

European Council on Foreign Relations (2022), *Give and tech: How technology sanctions can help counter the threat from Russia*, https://ecfr.eu/article/give-and-tech-how-technology-sanctions-can-help-counter-the-threat-from-russia/ (accessed on 24 June 2022). [40]

FAO (2022), *Food balances 2010–2019*, https://www.fao.org/documents/card/en/c/cb9574en/. [3]

FAO (2008), *National Policy Responses to High Food Prices*, https://www.fao.org/economic/es-policybriefs/briefs-detail/es/?no_cache=1&uid=21524 (accessed on 10 May 2022). [117]

Foreign Policy (2022), *Foreign Policy: Analyses*, https://foreignpolicy.com/2022/10/04/russia-putin-mobilization-central-asia-conscripts-flee/ (accessed on 14 October 2022). [128]

Global Times (2022), *Global Times: Economy*, https://www.globaltimes.cn/page/202206/1268601.shtml (accessed on 13 October 2022). [156]

Government of Kazakhstan (2022), ""The Cabinet of Ministers does not sit on suitcases." Big interview with Prime Minister Alikhan Smailov", *TengriNews*, https://tengrinews.kz/article/kabmin-chemodanah-ne-sidit-bolshoe-intervyu-premera-alihana-1821/. [157]

Government of Kazakhstan (2022), *Joint Statement of the Government and the National Bank of the Republic of Kazakhstan on the Tenge Deposit Protection Programme (Совместное заявление Правительства и Национального Банка Республики Казахстан по Программе защиты тенговых вкладов)*, https://primeminister.kz/ru/news/sovmestnoe-zayavlenie-pravitelstva-i-nacionalnogo-banka-respubliki-kazahstan-po-programme-zashchity-tengovyh-vkladov-2411111 (accessed on 15 March 2022). [143]

Government of Kyrgyzstan (2022), *The Law "On the Park of Creative Industries" was signed*, https://www.president.kg/ru/sobytiya/novosti/23072_podpisan_zakon_o_parke_kreativnih_industriy. [85]

Government of Uzbekistan (2022), *Uzbekistan to introduce IT-visas for foreign specialists*, https://itvisa.uz/ (accessed on 20 May 2022). [84]

Hashimova, U. (2022), *Are Central Asian Migrant Workers Ready to Leave Russia?*, https://thediplomat.com/2022/04/are-central-asian-migrant-workers-ready-to-leave-russia/ (accessed on 20 May 2022). [80]

Hess, M. (2022), *https://eurasianet.org/perspectives-does-a-russian-bank-merit-a-sanctions-waiver-for-central-asia*, https://eurasianet.org/perspectives-does-a-russian-bank-merit-a-sanctions-waiver-for-central-asia (accessed on 17 May 2022). [137]

IMF (2022), *Inward Direct Investment Positions (database)*, https://data.imf.org/regular.aspx?key=60564262 (accessed on 30 July 2022). [9]

IMF (2022), *Kazakhstan: Staff Concluding Statement of the 2022 Article IV Mission*, https://www.imf.org/en/News/Articles/2022/10/07/mcs101022-kazakhstan-staff-concluding-statement-of-the-2022-article-iv-mission. [49]

IMF (2022), *Kazakhstan: Staff Concluding Statement of the 2022 Article IV Mission*, https://www.imf.org/en/News/Articles/2022/10/07/mcs101022-kazakhstan-staff-concluding-statement-of-the-2022-article-iv-mission. [77]

IMF (2022), *Regional Economic Outlook - Divergent Recoveries in Turbulent Times*, https://www.imf.org/en/Publications/REO/MECA/Issues/2022/04/25/regional-economic-outlook-april-2022-middle-east-central-asia. [122]

IMF (2022), *Regional Economic Outlook Middle East and Central Asia : Divergent Recoveries in Turbulent Times*, https://www.imf.org/en/Publications/REO/MECA/Issues/2022/04/25/regional-economic-outlook-april-2022-middle-east-central-asia. [5]

IMF (2022), *Tajikistan: Article IV Consultation Staff Report*, https://www.imf.org/en/Publications/CR/Issues/2022/02/17/Republic-of-Tajikistan-2021-Article-IV-Consultation-Press-Release-Staff-Report-and-513280. [93]

IMF (2022), *Transcript of October 2022 Middle East and Central Asia Department Press Briefing*, https://www.imf.org/en/News/Articles/2022/10/13/tr101322-transcript-of-mcd-press-briefing. [116]

IMF (2022), *World Economic Outlook April 2022*, https://www.imf.org/en/Publications/WEO/Issues/2022/04/19/world-economic-outlook-april-2022. [22]

IMF (2022), *World Economic Outlook October 2022 database*. [24]

IMF (2021), *Kyrgyz Republic: Article IV Consultation Staff Report*, https://www.imf.org/en/Publications/CR/Issues/2021/07/30/Kyrgyz-Republic-2021-Article-IV-Consultation-Press-Release-and-Staff-Report-463121. [92]

IMF (2021), *World Economic Outlook October 2021*, https://www.imf.org/en/Publications/WEO/weo-database/2022/April/weo-report?c=923&s=NGDP_R,NGDP_RPCH,NGDP,NGDPD,PPPGDP,NGDP_D,NGDPRPC,NGDPRPPPPC,NGDPPC,NGDPDPC,PPPPC,PPPSH,PPPEX,NID_NGDP,NGSD_NGDP,PCPI,PCPIPCH,PCPIE,PCPIEPCH,TM_RPCH,TMG_RPCH,TX_RPCH,TXG_RP. [41]

IMF (2020), *Kyrgyz Republic: Request for Purchase Under the Rapid Financing Instrument and Disbursement Credit Facility - Debt Sustainability Analysis*, https://www.imf.org/-/media/Files/DSA/external/pubs/ft/dsa/pdf/2020/dsacr2090.ashx. [91]

IMF (2020), *Republic of Tajikistan: Debt Sustainability Analysis*. [90]

IMF (2019), *Collateralized Sovereign Debt –Costs and Benefits,*, https://www.imf.org/~/media/Files/Countries/ResRep/ZWE/collaterized-debt-presentation-august-2019-final.ashx. [103]

IMF2 (2022), *World Economic Outlook April 2022*, https://www.imf.org/en/Publications/WEO/Issues/2022/04/19/world-economic-outlook-april-2022. [152]

Insan-Leilek Foundation (2022), *Survey among migrants in Moscow*, https://24.kg/obschestvo/228851_mesyats_pod_sanktsiyami_kak_izmenilas_jizn_migrantov_i_kogda_jdat_ihvozvrascheniya/ (accessed on 18 April 2022). [43]

Interfax (2022), *Capital outflow from Russia could have topped $50 bln in Feb-March, as much as in whole of 2020 - experts*, https://interfax.com/newsroom/top-stories/78115/ (accessed on 24 June 2022). [19]

Interfax (2022), *EU restricts operations with Russian government, CBR securities*, https://interfax.com/newsroom/top-stories/73973/ (accessed on 11 April 2022). [38]

Interfax (2022), *Kostin hopes VTB can return to dividends in future*, https://interfax.com/newsroom/top-stories/78523/ (accessed on 20 May 2022). [140]

Interfax (2022), *Subsidiary of Russia's VTB to continue operations in Kazakhstan*, https://interfax.com/newsroom/top-stories/82745/. [78]

Investing.com (2022), *World Government Bonds: Russia and Kazakhstan*, https://www.investing.com/rates-bonds/world-government-bonds (accessed on 24 May 2022). [89]

Investing.com (2020), *Forex Rates*, https://www.investing.com/currencies/streaming-forex-rates-majors. [132]

IOM (2022), *Sanctions On Russia Already Hitting Remittance-Dependent Countries in Central Asia*, https://rovienna.iom.int/news/sanctions-russia-already-hitting-remittance-dependent-countries-central-asia. [46]

IT Visa (2022), *IT Visa in Uzbekistan Relocation Program*, http://itvisa.uz/en. [131]

Kazinform (2022), *Flour and grain export restrictions to be introduced in Kazakhstan (Ограничения на экспорт муки и зерна введут в Казахстане)*, https://www.inform.kz/ru/ogranicheniya-na-eksport-muki-i-zerna-vvedut-v-kazahstane_a3918792 (accessed on 2 May 2022). [108]

KNOMAD (2022), *Remittances Data (database)*, https://www.knomad.org/data/remittances (accessed on 10 May 2022). [87]

KNOMAD (2022), *Russia-Ukraine Conflict: Implications for Remittance flows to Ukraine and Central Asia, Policy Brief 17*, https://www.knomad.org/publication/russia-ukraine-conflict-implications-remittance-flows-ukraine-and-central-asia. [10]

Korn, T. (2022), *Russia's war against Ukraine might persistently shift global supply chains*, Voxeu.org, https://voxeu.org/article/russias-war-against-ukraine-might-persistently-shift-global-supply-chains (accessed on 18 April 2022). [66]

Kumenov, A. (2022), *China promises more investment at Central Asia summit*, https://eurasianet.org/china-promises-more-investment-at-central-asia-summit (accessed on 11 April 2022). [142]

Kurbanov, S. (2022), *Mitigating the Adverse Side Effects of Russian Sanctions in Central Asia*, https://www.cipe.org/blog/2022/03/24/mitigating-the-adverse-side-effects-of-russia-sanctions-in-central-asia/ (accessed on 28 April 2022). [119]

Kursiv (2022), *The United States imposes blocking sanctions against Sberbank and Alfabank in Kazakhstan*, https://kz.kursiv.media/en/2022-04-07/the-united-states-imposes-blocking-sanctions-against-sberbank-and-alfabank-in-kazakhstan/ (accessed on 19 May 2022). [153]

Lafrogne-Joussier, M. (2022), *Supply chain disruptions and mitigation strategies*, https://voxeu.org/article/supply-chain-disruptions-and-mitigation-strategies (accessed on 20 April 2022). [121]

Lex-UZ (2022), *Additional measures to support citizens temporarily working abroad and members of their families (О ДОПОЛНИТЕЛЬНЫХ МЕРАХ ПО ПОДДЕРЖКЕ ГРАЖДАН РЕСПУБЛИКИ УЗБЕКИСТАН, ОСУЩЕСТВЛЯЮЩИХ ВРЕМЕННУЮ ТРУДОВУЮ ДЕЯТЕЛЬНОСТЬ ЗА РУБЕЖОМ, И ЧЛЕНОВ ИХ СЕМЕЙ*, https://lex.uz/ru/docs/5893255 (accessed on 4 May 2022). [145]

Lex-UZ (2022), *Decree of the President of Uzbekistan on further improvement of inter-budgetary relations and tax administrion (Постановление Президента Респубдткт Узбекистан О ДАЛЬНЕЙШЕМ СОВЕРШЕНСТВОВАНИИ МЕЖБЮДЖЕТНЫХ ОТНОШЕНИЙ И НАЛОГОВОГО АДМИНИСТРИРОВАНИЯ)*, https://lex.uz/ru/docs/5959962 (accessed on 3 May 2022). [107]

Lukoil (2021), *Head of Lukoil vists Kazakhstan*, https://www.lukoil.com/PressCenter/Pressreleases/Pressrelease?rid=566643. [69]

May (ed.) (2022), "Uzbekistan: Nuclear deal with Russia still on the table despite sanctions", *Eurasianet*, p. 2022, https://eurasianet.org/uzbekistan-nuclear-deal-with-russia-still-on-the-table-despite-sanctions. [68]

Meduza (2022), *Российская экономика не рухнула из-за войны и санкций. Переживет ли она мобилизацию и аннексию? Спойлер: все очень плохо*, https://meduza.io/feature/2022/10/07/rossiyskaya-ekonomika-ne-ruhnula-iz-za-voyny-i-sanktsiy-perezhivet-li-ona-mobilizatsiyu-i-anneksiyu. [25]

Ministry of Economy and Commerce of the Kyrgyz Republic (2022), *Статус цифрового кочевника*, https://mineconom.gov.kg/ru/direct/385/395. [130]

MIR (2022), *Karta Mir za Ggranicej [Mir Card beyond Borders]*, https://mironline.ru/support/list/karta_mir_za_granicej/ (accessed on 6 April 2022). [134]

Mir 24 (2022), *Anti-crisis plan: Kyrgyzstan adopts economic support package (Антикризисный план: в Кыргызстане приняли пакет мер поддержки экономики)*, https://mir24.tv/news/16501753/antikrizisnyi-plan-v-kyrgyzstane-prinyali-paket-mer-podderzhki-ekonomiki (accessed on 3 May 2022). [105]

National Bank of Kazakhstan (2022), *International merchandise trade of the Republic of Kazakhstan*, https://www.nationalbank.kz/en/news/platezhnyy-balans-vn-sektora. [63]

National Bank of Kazakhstan (202), *Direct investments according to the Republic of Kazakhstan's balance of payments data*, https://www.nationalbank.kz/en/news/platezhnyy-balans-vn-sektora. [71]

National Bank of Kyrgyzstan (n.d.), *International trade statistics*, https://www.nbkr.kg/index1.jsp?item=2007&lang=ENG. [53]

National Statistics Committee of the Kyrgyz Republic (2022), *5.04.00.10 Per capita consumption of food item 5.04.00.10 Per capita consumption of food items (database)*, http://www.stat.kg/en/statistics/uroven-zhizni-naseleniya/ (accessed on 10 May 2022). [56]

National Statistics Office of Mongolia (2022), *External Trade Indicators*, https://en.nso.mn/home. [51]

National Statistics Office of Mongolia (2022), *News Release*, https://1212.mn/BookLibraryDownload.ashx?url=CPI_2022_III_en.pdf&ln=En. [59]

Natural Resource Governance Institute (2020), *Resource Backed Loans: Pitfalls and Potential*, https://resourcegovernance.org/sites/default/files/documents/resource-backed-loans-pitfalls-and-potential.pdf. [102]

Novaya Gazeta Europe (2022), *Sources: FSB reports 260,000 men left Russia, wants to close borders*, https://novayagazeta.eu/articles/2022/09/26/sources-fsb-reports-260000-men-left-russia-wants-to-close-borders-news. [29]

NPR (2022), *NPR*, https://www.npr.org/2022/03/06/1084834279/the-effects-of-sanctions-targeting-russian-oligarchs (accessed on 13 April 2022). [34]

OEC (2022), *The Observatory of Economic Complexity - Trade partners (database)*, https://oec.world/. [136]

OECD (2022), *Green Economy Transition in Eastern Europe, the Caucasus and Central Asia: Progress and Ways Forward*, OECD Green Growth Studies, https://www.oecd-ilibrary.org/docserver/c410b82a-en.pdf?expires=1666165738&id=id&accname=ocid84004878&checksum=06FC7D388AAD36C013D17E9443E6E8A1 (accessed on 18 October 2022). [127]

OECD (2022), *Keys to resilient supply chains*, OECD Publishing, https://www.oecd.org/trade/resilient-supply-chains/#policy-guide (accessed on 20 April 2022). [126]

OECD (2022), *OECD Interim Economic Oulook presentation, March 2022*, OECD Publishing, https://doi.org/10.1787/04d13b44-en. [23]

OECD (2021), *Beyond Covid-19: Prospects for Economic Recovery in Central Asia*, OECD Publishing, https://www.oecd.org/eurasia/Beyond%20COVID-19%20Advancing%20Digital%20Transformation%20in%20the%20Eastern%20Partner%20Countries%20.pdf. [4]

OECD (2021), *Informality and COVID-19 in Eurasia: the Sudden Loss of a Social Buffer*, OECD Publishing, https://www.oecd.org/eurasia/COVID-19-informality-Eurasia.pdf. [60]

OECD (2020), *Improving the Legal Environment for Business in Central Asia*, OECD Publishing, https://www.oecd.org/eurasia/Improving-LEB-CA-ENG%2020%20April.pdf. [120]

OECD (2020), *Tax and Fiscal Policy in Response to the Coronavirus Crisis: Strengthening Confidence and Resilience*, OECD Publishing, https://www.oecd.org/ctp/tax-policy/tax-and-fiscal-policy-in-response-to-the-coronavirus-crisis-strengthening-confidence-and-resilience.htm. [101]

OECD and ITF (2019), *Enhancing Connectivity and Freight in Central Asia*, OECD Publishing, https://www.itf-oecd.org/enhancing-connectivity-and-freight-central-asia. [67]

Office of Foreign Assets Control (2022), *Sanctions List Search*, https://sanctionssearch.ofac.treas.gov/ (accessed on 11 April 2022). [39]

Ozodi (2022), *Turkmenistan to increase production of horticultural products for export to Russia (Туркменистан увеличит производство плодоовощной продукции для экспорта в Россию)*, https://rus.ozodi.org/a/31784545.html (accessed on 4 May 2022). [110]

Pestova, A. (2022), *The price of war: Macroeconomic effects of the 2022 sanction on Russia*, https://voxeu.org/article/macroeconomic-effects-2022-sanctions-russia (accessed on 20 May 2022). [62]

PMI by S&P Global (2022), *Tengri Partners Kazakhstan Manufacturing PMI*, https://www.pmi.spglobal.com/Public/Home/PressRelease/3433356315ee465788fb6158f02690bd. [141]

Radio Ozodi (2022), *«Заработков меньше, но безопаснее». Число таджикских мигрантов в Казахстане растет*, https://eur02.safelinks.protection.outlook.com/?url=https%3A%2F%2Frus.ozodi.org%2Fa%2F32112828.html&data=05%7C01%7CCeleste.LAPORTETALAMON%40oecd.org%7Ce3a91565dfd54fd7a1e208dabd5a9eb6%7Cac41c7d41f61460db0f4fc925a2b471c%7C0%7C0%7C638030494435724210%7CUnkno. [48]

Reuters (2022), *Exclusive: Russia starts stripping jetliners for parts as sanctions bite*, https://www.reuters.com/business/aerospace-defense/exclusive-russia-starts-stripping-jetliners-parts-sanctions-bite-2022-08-08/. [26]

Reuters (2022), *Kyrgyz central bank bans export of cash dollars*, https://www.reuters.com/markets/currencies/kyrgyz-central-bank-bans-export-cash-dollars-2022-03-12/ (accessed on 7 April 2022). [104]

Reuters (2022), *Reuters-Eikon sovereign risk database*. [96]

Robinson, S. and K. Thierfelder (2022), *Can liberalizing trade reduce US CPI inflation? Insights from an economywide analysis*, https://www.piie.com/blogs/realtime-economic-issues-watch/can-liberalizing-trade-reduce-us-cpi-inflation-insights (accessed on 11 May 2022). [124]

Standish, R. (2022), “China’s Belt And Road Grapples With Mounting Debt Crisis, Impacting Central Asia, Pakistan, And Beyond”, *Radio Free Liberty*, https://www.rferl.org/a/china-debt-crisis-belt-road-initiative-kyrgyzstan-pakistan-/31970756.html. [98]

State Committee on Statistics (2022), *Dynamics of the consumer price index, in fixed weights (to the previous month) (database)*, https://www.stat.uz/en/official-statistics/prices-and-indexes (accessed on 10 May 2022). [58]

State Committee on Statistics (2022), *Merchandise Trade*, https://stat.uz/en/official-statistics/merchandise-trade. [50]

State Migration Agency of Uzbekistan (2022), *Survey of labour migrants in Russia*, http://migration.uz/news/view/935 (accessed on 18 April 2022). [42]

Tajikistan 24 (2022), *Donors and Development Partners Coordination Council on Labour, Migration and Employment held in Dushanbe (В Душанбе состоялся Координационный совет доноров и партнёров по развитию в сфере труда, миграции и занятости населения)*, https://tajikistan24.com/v-dushanbe-sostojalsja-koordinacionnyj-sovet-donorov-i-partnjorov-po-razvitiju-v-sfere-truda-migracii-i-zanjatosti-naselenija/ (accessed on 4 May 2022). [148]

Tajikistan 24 (2022), *South Korea is ready to attract labour from Tajikistan (ЮЖНАЯ КОРЕЯ ГОТОВА ПРИВЛЕЧЬ РАБОЧУЮ СИЛУ ИЗ ТАДЖИКИСТАНА)*, https://tajikistan24.com/juzhnaja-koreja-gotova-privlech-rabochuju-silu-iz-tadzhikistana-oficialnaja-delegacija-respubliki-tadzhikistan-v-respublike-koreja-podpisala-soglashenie-i-dva-memoranduma-o-vzaimoponimanii/ (accessed on 3 May 2022). [147]

Tajstat (2022), *Macroeconomic Indicators*, https://www.stat.tj/en/macroeconomic-indicators. [52]

Tajstat (2022), *Structure of household consumer disbursements, 1998-2020 (database)*, https://www.stat.tj/en/database-real-sector (accessed on 9 May 2022). [55]

The Astana Times (2022), "Astana Hub Technopark Offers Favorable Conditions and Special Tax Regime to Attract Foreign IT Companies", *The Astana Times*, https://astanatimes.com/2022/03/astana-hub-technopark-offers-favorable-conditions-and-special-tax-regime-to-attract-foreign-it-companies/. [129]

The Diplomat (2022), *The Trans-Afghan Railway Line: Back on Track?*, https://thediplomat.com/2022/07/the-trans-afghan-railway-line-back-on-track/. [115]

The News (2022), *Pakistan gears up for more trade deals with Central Asian states*, https://www.thenews.com.pk/print/1000727-pakistan-gears-up-for-more-trade-deals-with-central-asian-states. [114]

The White House (2022), *FACT SHEET: United States, G7 and EU Impose Severe and Immediate Costs on Russia*, https://www.whitehouse.gov/briefing-room/statements-releases/2022/04/06/fact-sheet-united-states-g7-and-eu-impose-severe-and-immediate-costs-on-russia/ (accessed on 12 April 2022). [17]

UN Comtrade (2022), *UN Comtrade Data (database)*, https://comtrade.un.org/data/ (accessed on 4 July 2022). [2]

UNCTAD (2021), *World Investment Report 2021: Investing in Sustainable Recovery*, https://unctad.org/system/files/official-document/wir2021_en.pdf. [72]

UNCTAD STAT (2022), *Merchandise trade matrix in thousands United States dollars, annual, 2016-2020 (database)*, https://unctadstat.unctad.org/wds/TableViewer/tableView.aspx?ReportId=217476&IF_Language=eng (accessed on 23 June 2022). [1]

US Department of the Treasury (2022), *Russia-related Designations and Designation Update; Issuance of Russia-related General Licenses*, https://home.treasury.gov/policy-issues/financial-sanctions/recent-actions/20220420 (accessed on 18 May 2022). [138]

US Department of the Treasury (2022), *The United States Sanctions Major Russian State-Owned Enterprises*, https://home.treasury.gov/news/press-releases/jy0707 (accessed on 12 April 2022). [35]

US Department of the Treasury (2022), *Treasury Imposes Swift and Severe Costs on Russia for Putin's Purported Annexation of Regions of Ukraine*, https://home.treasury.gov/news/press-releases/jy0981. [18]

UZCARD (2022), *UZCARD is actively working to establish the acceptance of Mir cards in its network*, https://uzcard.uz/ru/news/post/uzcard-soobshchaet-o-vremennoy-priostanovke-priema-kart-ps-mir/2 (accessed on 6 April 2022). [133]

Vienna Institute for International Economic Studies (2022), *Russia's Invasion of Ukraine: Assessment of the Humanitarian, Economic and Financial Impact in the Short and Medium Term*, https://wiiw.ac.at/russia-s-invasion-of-ukraine-assessment-of-the-humanitarian-economic-and-financial-impact-in-the-short-and-medium-term-dlp-6132.pdf. [14]

VOA News (2022), *VOA News: South and Central Asia*, https://www.voanews.com/a/despite-skepticism-china-kyrgyzstan-uzbekistan-railway-deal-chugs-forward/6775799.html (accessed on 13 October 2022). [155]

World Bank (2022), *Business Pulse Survey Kyrgyz Republic, Tajikistan, Uzbekistan*, https://blogs.worldbank.org/europeandcentralasia/taking-pulse-business-central-asia-following-russian-invasion-ukraine. [54]

World Bank (2022), *Europe and Central Asia Economic Update*, https://www.worldbank.org/en/region/eca/publication/europe-and-central-asia-economic-update. [151]

World Bank (2022), *Europe and Central Asia Economic Update: Fall 2022*, World Bank, https://openknowledge.worldbank.org/bitstream/handle/10986/38098/FullReport.pdf?sequence=8&isAllowed=y (accessed on 11 October 2022). [118]

World Bank (2022), *Foreign direct investment, net inflows (% of GDP) (database)*, https://data.worldbank.org/indicator/BX.KLT.DINV.CD.WD. [70]

World Bank (2022), *War in the Region : Europe and Central Asia Economic Update*, https://openknowledge.worldbank.org/handle/10986/37268. [44]

World Bank (2022), *World Development Indicators (database)*, https://databank.worldbank.org/source/world-development-indicators (accessed on 7 April 2022). [11]

World Bank (2021), *Poverty in Tajikistan*, https://www.worldbank.org/en/news/infographic/2021/10/15/poverty-in-tajikistan-2021 (accessed on 19 April 2022). [61]

World Bank (2020), *World Development Report: Trading for Development in the Age of Global Value Chains*, https://openknowledge.worldbank.org/handle/10986/32437. [64]

World Government Bonds (2022), *Kazakhstan Government Bonds - Yields Curve*, http://www.worldgovernmentbonds.com/country/kazakhstan/ (accessed on 24 May 2022). [88]

WTO (2020), *Trade in Value Added and Global Value Chains*, https://www.wto.org/english/res_e/statis_e/miwi_e/KZ_e.pdf. [65]